着眼于人类非理性一面的行为经济学对所有参与消费活动的人都有所裨益。

执笔之际时值2021年3月，新冠肺炎疫情正在世界范围内大流行。随着"自我克制"和"居家防护"等词语逐渐在新闻中占据主导地位，消费者的经济活动也逐渐放缓。特别是在日本，原本预计会产生巨大经济效益的东京奥运会一再被推迟。面对这些铺天盖地的负面新闻，我深深地感觉到整个日本社会都笼罩在一种异样的气氛之中。

从微观视角来看，许多人在生计方面也面临重重困难，比如企业利润的下降导致商务人士的工资下调或奖金削减，以及中小企业经营者在被迫要求停业后销售额急剧下降以致每月都出现亏损。如此，每个人手头上的"钱"变得越来越少以至于每一分钱都不能浪费。因此，我认为有必要重新审视金钱的使用方法。

我衷心地希望这本书中介绍的行为经济学知识能够对各位读者有所

助益。与以往所谓的传统经济学不同，这门从消费者实际行动中形成理论的学问始终聚焦于人性中的非理性部分。了解自身非理性的一面有利于帮助我们减少浪费或控制不必要的消费。

当然，充分理解消费者的行为也能够使得营销质量大为改观。

此外，行为经济学不仅对消费行为产生了影响，而且在这场新冠肺炎疫情中也引起了政府和企业的关注。例如，用胳膊肘轻推他人来促使其采取行动的助推理论，在防止人群密集的宣传活动中得到了有效利用。

行为经济学可以使消费者和被消费者双方都受益。换言之，它可能对所有人都有所裨益。我衷心希望这本书能够为更多的读者提供帮助。

目录 CONTENTS

第 **3** 章　　决策机制　前景理论

高价商品

低价商品

在需要进行消费的时候

比如……
活跃在电视机荧屏上的广告产品

看到自己喜欢的明星所出演的电视广告，即使那是自己不需要的商品也会产生购买欲望。

高价

低价

新上市！！

超好喝的饮品！

哇！

我要买！我要买！

我们的日常生活是由一连串的决策组成的。尤其是与金钱相关的决策，想必对每个人而言都是非常重要的。

然而，在涉及金钱交易的时候，我们是否能够始终着眼于将来并做出理性选择呢？比如，在不知不觉间冲动购物以及在思考良久之后进行投资却出现亏损等情况都会令我们后悔不已。

为了尽可能地减少此类状况的发生，我们首先就要了解人类制定决策的习惯。

商品

商品

最终……

比如……
不由自主地拿起摆放在收银台旁边的商品

在超市排队结账的时候，看到收银台旁边陈列着的干电池和零食就会不由自主地把它们放进购物篮里。

颜色限定商品

瑕疵打折处理商品

销售量超过 2000 万台！

比如……
冲动购买

我们经常会受到网络广告和电视购物节目中"瑕疵打折"和"限定"等词语的诱惑，从而不自觉地预订该商品。

你是否能够做出最合适的选择？

3

了解行为经济学的3个好处

市场营销

经营管理

自我实现

通过了解人们的决策习惯可以加深对市场营销的把握，这对于销售产品而言是至关重要的。市场营销是行为经济学的别称，它在商业活动中发挥着巨大作用。

另外，了解人们的行为倾向有利于把他们引导至更好的方向，从而更好地对下属进行管理以及实现自我价值。

由此可见，行为经济学是一门可以应用于各种场合的学问。

市场营销

通过了解决策习惯就能够理解把握消费者的购物心理。如此一来，贴近消费者心理的广告和促销手段就会自然而然地出现。

太棒了！

约有九成的顾客会选择购买这款饮料！

原来这款产品如此好喝！

R-2 清凉饮料

1

经营管理

在与同事合作和管理下属方面，行为经济学理论也能够发挥作用。比如，如果在工作中掌握了容易获得他人同意的方法，就更有可能让对方接受任务。

大家都说愿意帮忙！

难道真的没办法了吗？

2

当然，你也可以改变自己的行为。对于那些明明树立了目标却被眼前诱惑所困而无法到达终点的人而言，只要了解为什么会输给诱惑，他就能够采取解决对策。

自我实现

3

我首先要努力实现这个目标！

树立目标！每天伏案学习1小时！

第 **1** 章

从基础学起！

一学就会的
行为经济学
思维方式

本章将介绍行为经济学的起源和基本思维方法。所谓"行为经济学"是指着眼于人类非理性的行动并对人类心理和感情等方面进行现实分析的经济学。其中包含的许多具有实践意义的理论被广泛应用于政策中，而且还有部分日本行为经济学知名专家被任命为新冠肺炎疫情应对委员会的成员。

人类的
行为是理性的！

然而也存在与传统经济学不符
的实际经济行为！

这是
为什么呢？ ▼

由此诞生了

心理学＋经济学
＝行为经济学

人类是在无意识中展开行动的吗？

在超市内自然而然地按照地标排队等待结账。

必须要有间隔地排队呢！

特价处理电池！

看似主动的行为其实是无意识的

我们在便利店或超市中结账的时候会看到收银台前的地板上画着箭头，而且在新冠肺炎疫情暴发之际还增加了指示顾客之间应保持适当距离的间隔线。当我们看到这些标识后，即使没有店员的强制要求或者前面已然排起了长长的队伍，也仍然会选择按照顺序排队并与前面的人保持一定距离。

然而，如果没有箭头和线条等标识的话会怎么样呢？由于不受引导，每个人都会按照自己的想法展开行动，从而难免会发生关于插队的争执或者多人聚集现象。换言之，在设有箭头和线条等标识的情况下，我们会在不知不觉中按照店方的要求做出选择。

由此可见，某些看似主动的行为实际上是在无意识中被某种信息或意图所驱动的——这就是我们人类的特点。

我们很容易就拿起摆放在收银台旁边的电池，这也是人类在无意识中被某种信息所驱动的真实案例。

传统经济学中的『极端理性行为』是什么？

某女演员发现一件漂亮且便宜的礼服后开始努力减肥。她这是为了参加结婚典礼而做准备。

礼服

15 000 日元

既漂亮又便宜！

但是尺寸有点儿小啊……

为了穿上那件礼服

我要努力变瘦！

加油！

传统经济学认为人类总是做出理性的选择

当人们在无意识中展开行动的时候，人们往往会基于以往的经验做出判断。换言之，就是人们结合自身迄今为止经历过的成功与失败、喜悦与悔恨以及行市感受等因素进行综合考虑后，再行决定下一步的行动。

绝大多数情况下，这并不需要我们进行刻意的思考，而是大脑自行做出决断。比如，我们即便在开车或随声附和等无暇进行思考的情况下，也能够在大脑的帮助下采取恰当行为。

在传统经济学中，人们采取合乎逻辑的行动是它理论的基础。它认为人类总是极端理性且极端自律地做出决策或展开行动，即能够从各种各样的选项中，选择可以在瞬间带来最高效用的事物（极端理性），以及在权衡当前和未来状况的基础上，优先选择能够提供更多可期利益的事物（极端自律）。

例如，购物也是意志决定的一种体现。人们在购买参加结婚典礼的礼服的时候，可以通过网络进行比较，从而买到价格最便宜且质量最好的礼服。另外，为了让自己的体型符合礼服的尺寸而努力减肥，也算得上是理性行为。

由此可见，人类总是会做出理性选择以追求自身利益的最大化，而该观点一直被视为传统经济学研究的前提条件。

做出理性的行为

人类未必会

反正今天已经跑过步了，应该没问题吧？

呼~呼~

干杯！

没有做到严格的自律

但是根本不需要购买两件吧？

购买两件礼服就会打折？！

忘记自己根本无须购买两件礼服

在享受了美酒佳肴之后，又开始被购买两件礼服弄得晕头转向。对比研究和努力跑步的意志到底都去哪里了呢……

现实中的人类是非理性的

在上一节中我曾经提到过，传统经济学将人类行为定义为理性行动。然而真的是这样吗？我们总是有意识地追求理性吗？想必每个人都有过以下经历——明明要准备考试却和朋友出去玩了；在截止日期的前一天打算回家完成剩余工作却意外地睡着了。

上述准备参加结婚典礼的案例中亦是如此。明明只想购买一件15 000日元的礼服，却在看到"两件礼服只需19 800日元"的标识后不由得入手两件，想必这样事情并非罕见。其实，即便礼服的价格再便宜也只能在结婚典礼上穿一件，而另一件则是不必要消费。因此，这种行为并不是传统经济学中所设想的理性行为。

另外，明明自己处于减肥期，却往往会以今天做了大量运动为理由而大量食用高热量食物。如此暴饮暴食会破坏运动效果。这也是忍耐力不足即自控能力较差的行为体现，它与传统经济学的设想相去甚远。

如上所述，人类有时会因为时间和场合的不同而做出非理性行为。另外，除明明知道但无法做到的情况之外，那些自己坚持的"正确"选择往往也有可能是非理性的。

追求理性方面的局限性

传统经济学在

极端理性的

极端自律的

600 毫升　500 毫升

190 日元　180 日元

1毫升的平均差价是……

忍耐……

一定要实现利益的最大化

理性　经济人

极端功利的

自己就是最棒的！

传统经济学所设想的理想经济活动主体应该具备以下特征：即使有想做的事，也要忍耐并仔细地计算商品价值，并且以自身物质性补偿的最大化为目的。

与传统经济学理想相左的人类现实

除了极端理性和极端自律的人物形象，传统经济学还设想了另外一种极端功利的人物形象。

换言之，该形象在做出决定的时候只考虑自身利益，只要自己未受到不利影响，即使所做行为会给他人带来不幸也毫不在意。这虽然听起来有些自私和反社会，但是从经济结构的角度来考虑的话是可以理解的。日本社会是以自由竞争为前提的。企业为了扩大自身利益会生产和销售优质商品，而消费者会为了购买更加物美价廉的商品而左挑右拣。由此产生的供需平衡会决定价格并形成市场。当然，拥有更高理想抱负的人会相应地投入更多努力，因此只要企业和消费者都愿意为了自身而努力，最终就会达到最佳状态。

如此，根据极端理性、极端自制、极端功利这三种行为原理进行决策的人被传统经济学家定义为"理性经济人"。

然而，现实生活中的人们并不一定会那样做。比如，人们有时也会购买一些实用性不高的商品，或者在知道吸烟与患肺癌的关联性较高的情况下仍然会拿起眼前的香烟；再或者，即使知道获利的方法也会因为在意周围人的看法而做出别的选择。

换言之，传统经济学的观点无法解释人类为什么会做出上述行为。

作为一门新兴学科闪亮登场

行为经济学

恰当理性的

恰当自律的

偶尔一次也没关系吧！

到底哪一个更好呢？

行为 经济人

恰当功利的

朋友也是非常重要的！

与理性经济人相比，我们还与他们存在一定的差距，而作为一门新兴学科闪亮登场的行为经济学就是着眼于研究这种差距。

它涵盖了传统经济学无法解释的领域研究

为了解释人类行为与传统经济学理论的矛盾之处，行为经济学便应运而生了。

行为经济学的特点是以人的实际行动为基础形成理论，而并非像传统经济学那样设想"理性经济人"的存在。

传统经济学是一门以预先定义的标准行为作为基础展开理论推演的学科，而行为经济学是从实际行动中形成理论的归纳型学科。为此，我们必须以实验和消费者问卷调查等方式，收集数据并进行研究。

因为通过行为经济学更容易掌握消费者的动向，所以它在营销领域内备受关注。

另外，由于行为经济学是将人类行为与"理性经济人"行为的矛盾点作为研究对象，因此它可以算得上是一门更实用且更适用于商业活动的学问。

行为经济学所设想的人物形象，与传统经济学所设想的理想人物形象之间存在着适度偏差。因为行为经济学所设想的人物形象是恰当理性的，所以他们会设定适合自身的标准而不会严格地考虑商品价格和价值之间的差异。自律行为会适可而止，偶尔也会诚实地面对自己的欲望。此外，由于他们的功利心恰到好处，因此这些人会在考虑自身利益的同时也认真地考虑周围人的感受。

行为经济学就是一门专注于传统经济学研究领域以外的学科。

原理
6

行为经济学 =

心理学 + 经济学

从经济学角度来看

为避免股价持续下跌造成的损失，需要在该时间点抛出股票！

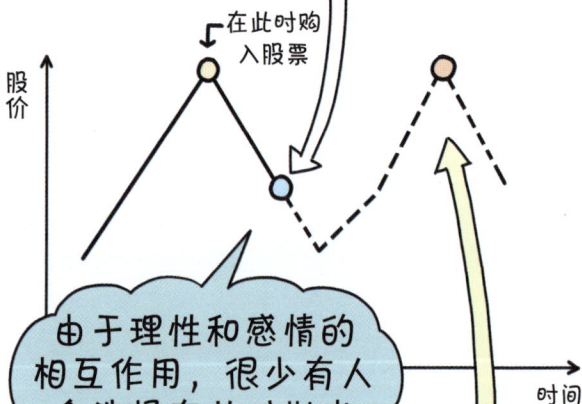

在此时购入股票

股价

由于理性和感情的相互作用，很少有人会选择在此时抛出股票。

时间

从心理学角度来看

期望股价上涨到该高位，从而避免出现损失。

结合心理学因素可以解释经济学的矛盾

虽然行为经济学作为一门新兴学科出现并兴起，但这并不意味着我们将完全忽视传统经济学。行为经济学以传统经济学所证明的理论为基础，根据人类特有的思维方式和习惯，对实际行动进行验证。因此，行为经济学有时也被视为经济学和心理学的结合体。

实际上，以股票投资为例来进行思考，就能够更好地理解行为经济学的内涵。

传统经济学认为，当股价持续下跌并反映了发行该股票的公司业绩不佳时，每一位持有该公司股票的人都应该立刻抛售。然而，如果综合考虑心理学因素的话，就会发现有一部分人仍然对股价的上涨抱有期望。最终得出的结论是，并非所有人都会抛售股票且有一部分人会选择继续持有。

这种例子在我们的日常生活中比比皆是。

例如，传统经济学中的市场供需曲线亦是如此。

一般来说，价格越低，消费者的购买意愿（即需求）就越高。但实际上，这个理论并不适用于所有商品。

一个典型的例子是名牌商品。尽管它的价格明显高于同类别的其他商品，但人们还是会争相购买。这是所谓的凡勃伦效应，即消费者的购买意愿会随着商品价格的提高而增加。

『行为经济学就是市场营销』

现代营销学之父认为

行为经济学是市场营销的别称！

市场营销领域领军人物

菲利普·科特勒

从人的实际行动中产生新理论的学问

行为经济学诞生于20世纪70年代中期，一般人对此知之甚少。然而，从三位研究人员曾经获得诺贝尔经济学奖这一事实，可以看出它已经引起巨大关注。市场营销领域领军人物菲利普·科特勒（Philip Kotler）曾经说过，行为经济学只是市场营销的别称而已。在过去的100年里，市场营销在传统经济学及其实践的基础上产生了新的知识，并帮助我们更多地了解经济体系是如何运作的。

简而言之，行为经济学是从传统经济学理论和实际行动中诞生的新学科，是将市场营销的实践从学术

行为经济学诺贝尔经济学奖获得者

理查德·塞勒
（Richard Thaler）

荣获 2017 年诺贝尔经济学奖。他提出了用胳膊肘轻推他人来促使其采取行动的"助推"理论。

罗伯特·希勒
（Robert Shiller）

荣获 2013 年诺贝尔经济学奖。他的主要研究方向是与传统经济学假设相矛盾的行为（异常现象）。

丹尼尔·卡尼曼
（Daniel Kahneman）

荣获 2002 年诺贝尔经济学奖。他提出的"前景理论"在不确定情况下的人为判断和决策方面做出了突出贡献。

角度进行分析的产物。

换言之，作为消费者的我们每天都在接触行为经济学。日常生活是一系列的决策过程。意识到自己有可能会做出非理性判断，并了解如何才能做出合理决策是非常重要的。行为经济学在这个问题上给我们提供了一定的线索。

在接下来章节中，我将就行为经济学中影响人类决策过程的各种因素进行讨论，如"启发式思维"和"前景理论"等。只有理解并把握了决策机制，才能够促使自己做出理性行为，进而更加顺利地获得商业成功。

第 2 章

具有人情味的心理活动

启发式思维

本章将深入探讨学习行为经济学中不可忽视的重要因素——"启发式思维"。启发式思维是一种协助人类制定决策的过程。因为它基于自身经验帮助人们寻找出最合适的方法，所以也被称为"简便法"。启发式思维最大的特点是判断速度快。在不需要深入思考的情况下就能够瞬间推导出答案。另外，瞬间判断也存在一定的缺点。

总是在不经意间拿起经常浮现在眼前的商品

受到名人电视广告的影响

启发式思维

和

系统性思维

视状况而定

我们想要吃东西时往往会遇到时间不充足的状况。在这种情况下，我们会通过菜单选择食物而不会考虑太多。此时，我们不会花上 10 分钟甚至 20 分钟来痛苦地思考该吃些什么好，而是在某种程度上凭借直觉来进行选择。这种基于以往经验瞬间推导出决定的决策过程被称为启发式思维。

特征

· 凭借直觉、当机立断

· 快速高效

· 无须耗费过多精力

· 基于以往经验

启发式思维

咖喱盖浇饭

拉面

蛋包饭

今天选择吃咖喱盖浇饭吧！

直觉!!!

菜单

人的思维大致可以分为直觉和深思两种模式。一般情况下，我们把依靠直觉迅速得出答案的决策过程称为"启发式思维"。虽然使用启发式思维可以迅速地得出某种程度上令人满意的答案，但也有可能推导出错误答案并招致损失——这也是行为经济学面临的重要课题。这种关于人类能够区别使用两种思维模式的理论被称为"双重过程理论"。

区别使用！

系统性思维

配置

价格

便捷性

质量

深思……

人们在购买计算机等昂贵商品或特殊商品时，必定会考虑性能、价格和用途等各种因素。这种通过收集信息来仔细进行研究的思维模式被称为系统性思维。人在不同的场合会区别使用直觉和深思这两种思维模式。

宣传册

特征

· 深思熟虑

· 低速迟缓

· 需要耗费较多精力

· 理性的

人们为什么能够迅速地
判断事物？

启发式思维

要点 1 反映购买者的想法

究竟是直接生吃美味番茄还是要将其做成番茄酱呢？这会受到当天心情状况的影响。

要点 2 参考以往的经验做法

持续购买番茄的经历有助于我们了解市场行情。此外，还要考虑由于恶劣气候而收成不佳导致价格上涨等因素。

番茄

2个 198 日元

为什么我们在购买番茄的时候能够立刻从 198 日元
的番茄和 298 日元的番茄中做出选择呢?

参考现场信息

要点 3

当商品原价与折扣价
摆放在一起的时候会影
响到我们的判断。另外,
商品包装的高级感等
也会对最终选择
产生影响。

使用启发式思维

快速地对1~3个要点进行思考,
然后自然地排列优先顺序并进
行判断。

高级番茄

我要购买售价
为 198 日元的
番茄!

2个298日元

2个398日元

决定了!

答案
A

使用启发式思维

传统经济学认为，人们在做出选择的时候往往是仔细斟酌了大量信息之后再做出决定（系统性思维）的。

然而，如果在所有的情况下都这样做出判断未免太过耗费时间和精力。因此，人们在购买便宜或不重要的商品以及因信息过多而导致无法瞬间做出判断时，往往会选择运用更加高效的启发式思维做出决定。

无须花费过多时间就能够得出令人满意的答案

启发式思维是指为了能够在进行判断时节省时间，只根据事物的某一方面做出决定的单纯思维过程。

虽然未必能够做出最优判断，但能够得到令人满意的解决方案。

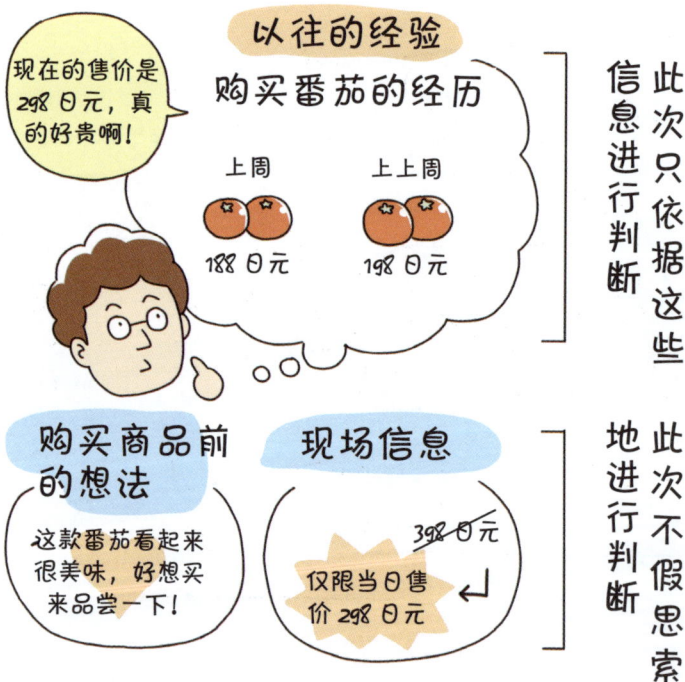

启发式思维也可能出现错误：偏见

　　启发式思维并不能够一直帮助我们做出正确的判断。在某些情况下，人们往往只能看到他们想要看到的事物或者只能听到他们想要听到的信息，甚至还会根据状况的变化进行不同的解释，从而产生有失偏颇的想法(偏见)。以下是启发式思维的三种典型类别。

产生偏见的典型事例

① 可用性启发式思维

容易被知觉到或回想起的事件被认为更容易出现。

② 代表性启发式思维

只抓住问题的某个特征直接推断结果，而不考虑这种特征出现的真实概率以及与特征出现有关的其他原因。

③ 锚定性启发式思维

因为拘泥于自身想法或之前的所见所闻而产生误解的情况。

人们为什么会选择购买自己经常看到的商品？

📍 只关心自己感兴趣的事物

对个人感兴趣的事情特别注意（选择性认知），而对其他事情置之不理。

新发售！

答 案

A

坚信残留在记忆中的事件

人们往往对自己经常在电视广告、网络广告或公共汽车内吊牌广告中看到或听到的事物感到亲切，进而产生这些商品目前非常热销的想法。

要不要买一瓶试试呢？

人们为什么会不自觉地购买那些在电视广告和网络广告中经常看到的商品呢？

坚信残留在记忆中的事件

"我经常看到它""它具有很大的影响力""我最近才知道它""朋友正在使用它"……具有上述特征的商品会给我们留下深刻印象并且经常浮现在脑海之中。因为我们更倾向于通过这种记忆进行判断，所以往往会在没有仔细检验商品价格和质量的情况下凭借直觉做出选择。这种选择熟悉事物的决策过程被称为"可用性启发式思维"。企业希望通过在各种媒体上反复投放广告来促进产品销售的观念，正是基于这一理论。

企业战略之加深消费者对产品的印象

为了能够让自家产品更大范围地被人熟知，企业会通过电视广告、广播广告、网页广告、社交平台广告、公共汽车内吊牌广告、街道广告牌和传单等多种方式来接近消费者。为了给人们留下更为深刻的印象，企业每天都在努力投放具有强烈冲击性的广告。

人们倾向于购买最容易浮现在脑海之中的产品

反复投放广告有助于品牌推广

企业为了打造自身品牌往往努力将自身塑造成为一个便于消费者记忆的亲切形象，例如使用同一的品牌标志、广告歌和音乐（声音标识）等。其中，广告歌是指为了让品牌给消费者留下更为深刻的印象而使用的短歌。广告歌的使用会增加消费者对企业的好感度，进而促使商品更加畅销。

某段音乐反复回响在耳际可以增进亲近感

具有代表性的广告歌包括科斯莫石油公司的《心灵也要加满油》、尼达利家居连锁店的《噢！物超所值》，以及进入全家便利店时播放的进店音等。反复播放同样音乐会增进亲近感，进而会给他人留下良好印象。

过于熟悉某段音乐后就会增加亲近感

问 题

Q

为什么人们只会注意到自身感兴趣的事情？

商场内不停地播放着广播，而某些人只会注意到自己感兴趣的关于高尔夫球的信息。

三楼女装卖场……

下面播报走失儿童信息……

高尔夫球卖场正在进行商品降价处理……

高尔夫球?!

我一定要去看看!

一般来看，我们对于商场内播放的大部分广播都不甚在意。然而，如果某个播报正好与自己的兴趣爱好相关，那么它一定会引起我们的注意。

例如，如果你对高尔夫球非常感兴趣，那么你会特别认真地去聆听关于高尔夫球卖场的广播信息。因为人具有选择性认知的能力，所以他们只会将注意力集中在自身感兴趣的对象上。

这种将自己的听觉注意力集中在某一个特定的关注兴奋点而将其余的信息全部过滤出去的能力被称为"鸡尾酒

周围的对话无法入耳

在人多嘈杂的情况下，即使使用和周围人相同音量的声音说话也依然能够清楚地听到对方的声音。如果我们从周围听到的片断信息不能和自身可用性知识联系起来，那么它会被认为是无意义的。

会效应"。该效应的命名源于在各种声音混杂的鸡尾酒会上，我们可以将注意力集中在与对方的谈话上并只对自身感兴趣的信息做出反应。

这也是选择性认知的一种，因此可以被归类于可用性启发式思维之中。

例如，邮政宣传单上印着的收件人是"住在世田谷区的70多岁老人"。像这种限定对象的针对性表达方式也是利用选择性认知来获得关注的典型事例。

为什么人们的判断总会被概率所左右？

代表性启发式思维

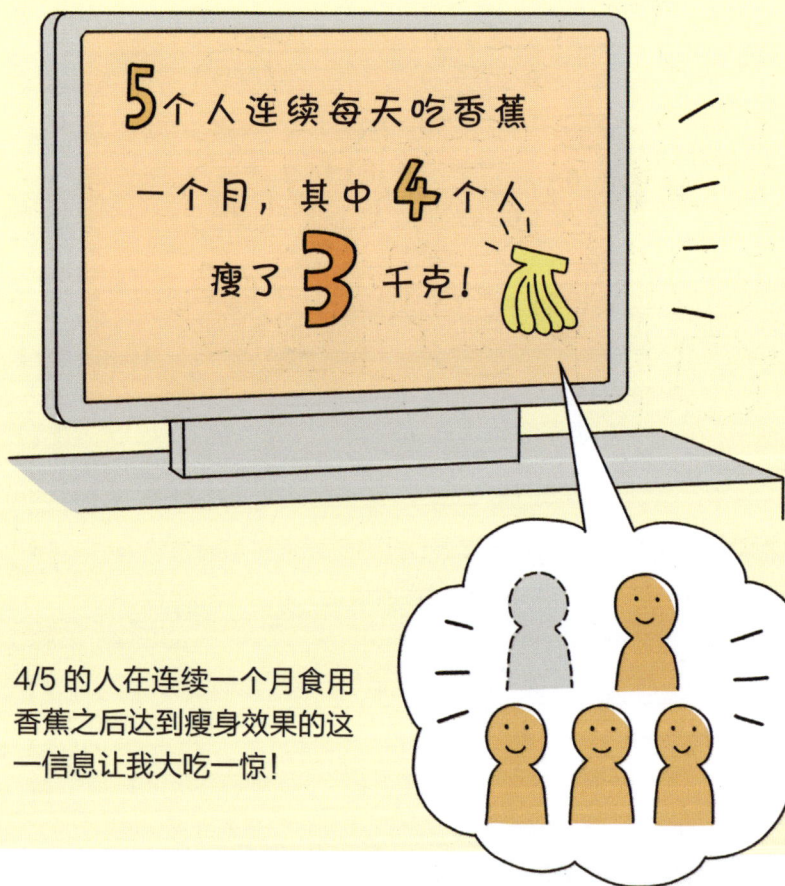

5个人连续每天吃香蕉一个月，其中4个人瘦了3千克！

4/5 的人在连续一个月食用香蕉之后达到瘦身效果的这一信息让我大吃一惊！

人们往往只根据代表性（典型）事例来判断事物。例如，"银行职员都很严肃"的刻板印象就是一个很好的事例。

答案

A

依据少量样本进行判断

以5个人作为调查对象的统计样本过少，因此不能明确地证明香蕉具有减肥效果。然而，由于4/5这一比例具有很强的冲击力，因此很容易诱导人们产生偏见。

答案 A

依据少量样本进行判断

少数法则

在上面提到的香蕉减肥事例中，接受检验的样本只有5个。这就意味着实验次数远远不够。然而，人们往往会忽视出现偏差结果的可能性，并偏执地认为只要吃香蕉就能够减肥。这种即使在样本数量较少的情况下也要根据概率做出判断的现象被称为"少数法则"。

错误地认为身边的事例能够反映整体

假设你的三位朋友在买了同样的"姻缘护身符"之后都找到男朋友并开始了幸福的恋爱生活。对此深信不疑的你也购买了相同的护身符。然而，由于3个人的样本数量太少，因此佩戴护身符后找到男朋友也只是偶然出现的极端结果。这也是"少数法则"的体现之一。

我会和朋友一样能够找到男朋友！♡

难道这是偶然事件吗？

护身符

拜托啦！

认为代表性事例能够反映整体

单纯依靠代表性事例来推导出整体结论的直观思维方式被称为"代表性启发式思维"。除少数法则之外，代表性启发式思维还包含如下情形：在能够进行正确计算的情况下无视发生概率，而只依靠代表性层面进行判断以及只通过事物的某一个方面进行判断等。如果要在考虑各类信息的基础上进行系统化思考，那么必然会耗费大量的时间和精力。因此，人们只会依靠代表性事例做出判断。

寻找理由说服自己相信错误的概率

某项关于胃癌发生率的调查显示，在取样总数为 300 人的农村地区胃癌发生率要高于城市的。听闻该结果后可能有人会认为，这是由于在农村地区饮酒和吸烟已经成为习惯且医疗条件不完善。然而，事实并非如此。理由很简单，这是因为调查的农村样本数量较少，所以出现了极端结果。人们总是倾向于寻找理由来说服自己相信错误的概率。

去年表现出色的选手今年就一定会萎靡不振？

正在忘记的是……

回归至平均

水平！

××选手状态极差！！
从过去的连续10场比赛持续进球到现在的连续20场比赛无一进球！
去年的得分圈三成打击率优势去哪里了？

同去年一样的好成绩！

10+20=30（比赛）

10/30=0.33（三成打击率）

※在每场比赛中，只有跑垒者位于得分圈内时的打击数才能够算作一次有效打击。

　　去年比赛中保持得分圈三成打击率的选手在赛季开始之后连续10场比赛持续得分。如果在此之后的连续20场比赛都没有得分，那么该选手有可能会被认为状态不佳。

　　实际上，该选手在合计30场比赛中共有10场比赛获得分数，所以他的得分圈打击率同去年一样保持为33%。这只是选手成绩逐渐向平均值靠拢的体现而已。这种自然规

批评就能够提高成绩?

得分较低的学生在接受批评之后，就会在下次考试中获得较高分数。针对这种现象，很多人都认为批评是促使对方进步的重要方式，但实际上忽视了均值回归。如果能够清楚地认识到考试分数会逐渐向平均值靠拢，那么会发现得分较低的学生更容易在下次考试中获得较高分数，而分数高的学生更有可能在下次考试中获得较低分数。同样，"表扬无用论"的观点也是一种误解，因为无论是提出表扬或者批评，取得高分的学生分数下降是非常自然的事情。

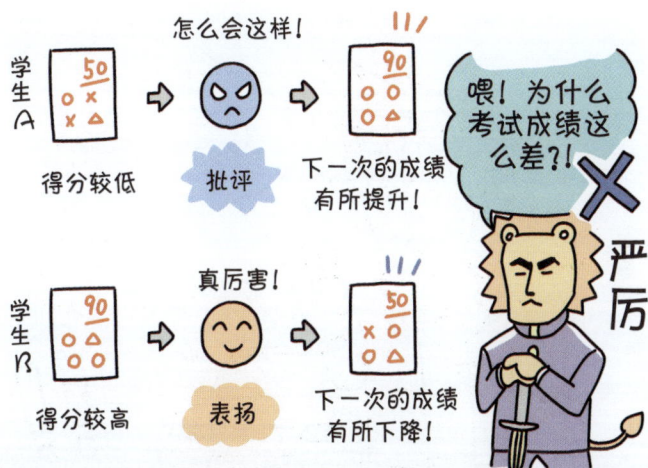

实际上，无论是哪一种情况都只是成绩趋向均值回归的体现。

律被称为"均值回归"。

同样，认为第二年运气不佳也可以用上述理由进行解释。选手的真正实力并没有那么强，第一年的成绩只是超常发挥而已。然而，当偶然连续出现好的结果或特殊事件时，人们就会认为这是正常的。当人们忽略均值回归这一规律时，人们就会单纯依据代表性样本进行判断。这也是代表性启发式思维的一种体现。

为什么会发生意料之外的事情？

在日常生活中经常会发生一些出乎意料的事情，比如你约好了和某位银行职员会面洽谈业务，但因为对方穿着随便而很难在人群中找到他。这是因为银行职员通常给人一种严肃认真的形象，所以我们会默认他们的穿着打扮也很正式规整，结果却出现了反差。这种专注于代表性印象的思维方式也是代表性启发式思维的表现之一。

我来啦！

让你久等啦！

严肃认真

难道银行职员不应该是这种形象吗？

因为只考虑了代表性事例，所以会出现出乎意料的事情。

人们会通过刻板印象来进行判断

假设你已经获得上述案例中的银行职员的许多信息，如性别男、年龄30岁、银行职员、籍贯日本东北地区、喜欢开车兜风等。但即便如此，你还是会根据银行职员或来自日本东北地区等极少部分信息，来塑造他在自己脑海中的形象。这种将某一群体的特征简化后形成的一般印象被称为"刻板印象"。例如，认为日本人的代表性特征是很少表明自我主张却心灵手巧，或者认为美国人都很友好且擅长表明自我主张等。

只关注代表性事例的刻板印象

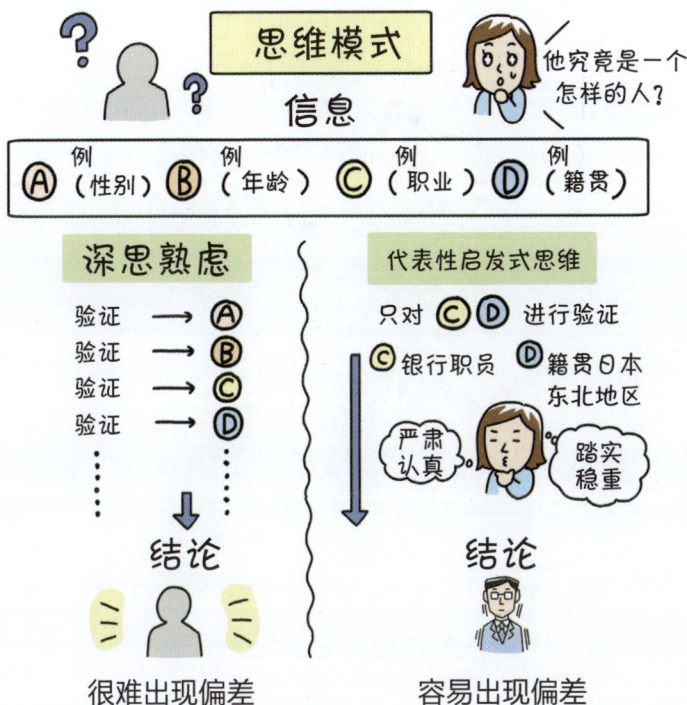

思维模式

信息

Ⓐ 例（性别） Ⓑ 例（年龄） Ⓒ 例（职业） Ⓓ 例（籍贯）

深思熟虑

验证 ⟶ Ⓐ
验证 ⟶ Ⓑ
验证 ⟶ Ⓒ
验证 ⟶ Ⓓ
……

结论

很难出现偏差

代表性启发式思维

只对 Ⓒ Ⓓ 进行验证

Ⓒ 银行职员　Ⓓ 籍贯日本东北地区

严肃认真　踏实稳重

结论

容易出现偏差

答案

A

只根据代表性事例来形成印象

刻板印象

他究竟是一个怎样的人？

为了留下良好印象最需要注意什么？

当对初次见面的人进行问候的时候，事先要了解对方的情况、携带礼物并热情开朗地打招呼。这些都是我们为了给对方留下良好印象而在无意识中采取的行动。第一印象会影响到别人对你的长期评价和整体判断，这种现象被称为"首因效应"，也是代表性启发式思维的典型体现。

为了在初次见面时留下良好印象，
我们需要准备对方喜欢的话题。

抓住记忆中的要点

此外，当人们回忆起某件事情的时候，峰终定律也会发挥作用。该理论认为，人们对一段体验的评价是由两个因素决定的，一个是过程中的最强体验，另一个则是结束前的最终体验。同时也有人认为除这两种体验之外的其他体验，对人们的记忆几乎没有影响。这也是只依靠代表性事例来进行判断的代表性启发式思维的体现之一。

结局完美即意味着获得成功

演讲和销售等过程中会伴随着各种各样的言行举止，然而其中给人留下最深刻印象的无非是最热烈的场面和最后的陈述。因此，恰当妥帖的结束语就显得尤为重要。当然，如果能够像下方插图中那样通过离职感言给对方留下良好印象，那么这种印象会一直持续下去。

为什么人们总会无视那些对自身意见持反对态度的人呢？

难道不是持反对意见的人数更多吗？

答案

A

只收集对自身有利的信息

人们总是倾向于积极寻找肯定自身想法的理由（锚定性），却不能轻易接受反对意见。

只收集对自身有利的信息

人们不愿意收集与自身意见相左的材料，即使对方提出了反对意见也经常会采取无视的态度。正如上述事例一般，人们往往会只依据赞成意见来做出决定。这种固守自身想法和臆想来只收集对自身有利信息的行为被称为"证实性偏差"，而引起这种证实性偏差的则是"锚定性启发式思维"。

对好恶的固执也会影响判断

个人的好恶对于事物判断也会产生极大影响。因为人们会无意识地探寻喜爱事物的优点，而不会刻意地寻找它的缺点。相反，对于讨厌的事物只会关注缺点而不会去寻找它的优点。另外，我们在做出决定时也会权衡自己所投入的时间及其他因素。这些都是证实性偏差的体现。

有色眼镜

证实性偏差

喜爱　厌恶

他人

自己

现实　投入的时间

👉 人们会拘泥于事件背景和现状

锚定性启发式思维中也包含了一种叫作"框架效应"的现象，它是指人们对于同一问题的不同描述导致最终的决策判断出现差异。

此外，"锚定效应"也是框架效应的一种体现。例如，在实际销售价格的附近标明建议零售价的情况下，建议零售价就发挥了"锚"的作用。受其影响，人们会感觉实际销售价格更加便宜。如此，锚定性启发式思维的典型特征就会受到背景和现状的强烈影响。

锚定性启发式思维的相关事例

框架效应

A B

满意度 90%

10 人之中有 1 人不满意

O ✕

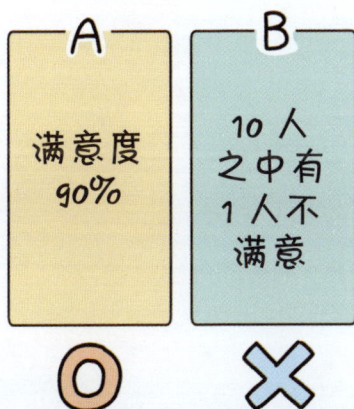

大多数人对 A 的印象较好，
而对 B 的印象较差

锚定效应
（框架效应的一种）

50 英寸①

建议零售价
~~10 万日元~~

现价 **7** 万日元‼

此时，作为建议零售价的
10 万日元就发挥了"锚"
的作用。

---

① 1英寸≈2.539厘米。——编者注

为什么无法做出正确的评价？

仪表端庄

干脆利落

您好，我叫小A。我对贵公司仰慕已久，希望有机会能够加入其中。

印象良好，拟录用。

实际上，笔试成绩惨不忍睹。

姓名：小A 15

×××
○××
×○△

一场糊涂

不堪入目

过分地锚定对方干净利落的外部形象，
从而推断其他方面也非常优秀。

"仪表端庄的人=能力强""幽默的人=性格好""漂亮的脸蛋=人品好"……在评价某个人或事态的时候，如果其中某一方面非常出色，那么我们往往会认为其他方面也非常出色，进而对整体给予很高的评价。当然，有时也只会看到消极的某一方面便对整体做出负面评价。

错误地把对演员或歌手的印象当作对产品的印象

答案

A

人们会把自己对演员或歌手的良好印象直接映射到产品上。因此，许多企业会邀请各类演员或歌手拍摄广告来对旗下产品进行宣传。

常见的晕轮效应

- 外貌
- 学历
- 温和待人
- 头衔
- 他人的评论

　　人们往往会被最突出的特征牵着鼻子走，从而无法对其他特征做出正确评价。这种现象被称为"晕轮效应"，也是锚定性启发式思维一种体现。

　　企业邀请人气演员或歌手拍摄广告也是运用了晕轮效应。商品本身的品质暂且不提，只要该演员或歌手能够给观众留下良好印象，商品就会受到消费者的青睐。

因为误把某个评价当作整体评价

晕轮效应

人只依靠臆想就能够获得有效信息吗？

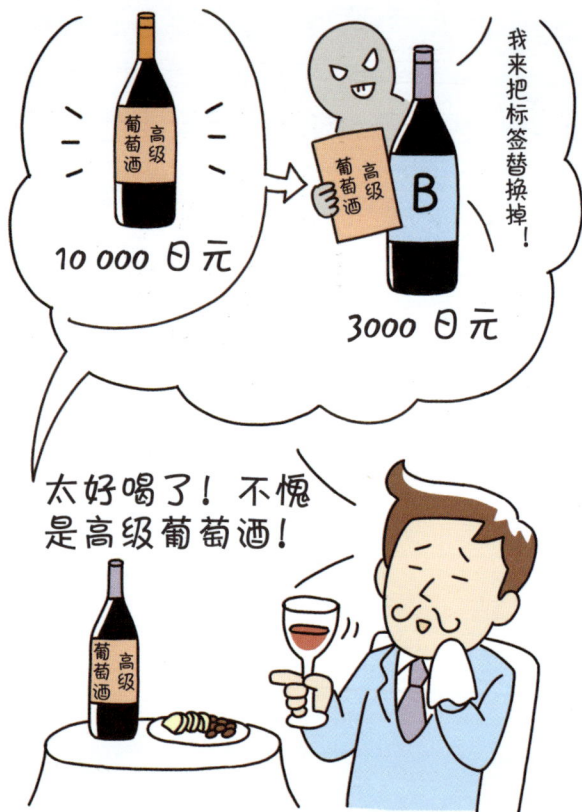

受到臆想的影响，品尝者会认为这款葡萄酒很美味

　　在上面的插图中，3000日元的葡萄酒瓶身上贴上了10 000日元的葡萄酒标签。虽然酒瓶里面装的还是廉价葡萄酒，但是品尝者仍然感觉非常满足。

　　即使是同样的葡萄酒，人们有时也会因为价格昂贵而觉得更加美味。人类的大脑在臆想的作用下会产生这种错觉。

　　实际上，医疗机构在验证新药效果的时候会分别给予

在医疗现场检验中发现的现象

假设有患有同样疾病的患者 A 和 B，医生对 A 进行了外科手术治疗，对 B 只实施了开腹手术而没有进行治疗。结果，A 恢复了健康，而没有接受治疗的 B 不知为何也痊愈了。这是因为 B 误以为自己已经接受治疗而产生了安慰剂效应。

知识产生实际效果

安慰剂效应

医生，真的是太感谢您了！

哎呀，这种事情，居然做了那，真是忐忑不安啊！

别客气……

不同的被试无效的安慰剂和新药。结果显示，接受安慰剂的一方其症状也得到了改善。这种影响认知的现象被称为"安慰剂效应"，它是锚定性启发式思维的一种体现。这是因为人们为了肯定自己喜欢或感觉正确的事物而产生的认知偏差。

很多情况下，昂贵的食物和减肥药都能够利用该效应来使受众获得较高的满足感。

为什么明明知道会吃亏却仍然······

> 大容量原装高规格计算机

> 马上就要完成了!

> 呼!

> 更高规格的计算机横空出世!

> 高性能且小巧便捷

> 大容量、低价格

> 啊!!

> 难道以往所做的努力都要付诸东流了吗???

考虑到以往付出的人力和财力,
即使知道会有损失也不放弃。

已经投入而无法收回的成本被称为"沉没成本"。另外,为了避免损失带来的负面影响而沉溺于过去,从而选择了非理性的行为方式被称为"沉没成本效应"。

例如,假设你投入相当数量的资金和多年的努力准备开发一台高性能的个人计算机。然而就在大功告成之前,另一家企业推出了性能更高且价格更低的个人计算机,那

投资和买彩票也存在沉没成本效应

我都已经投入这么多了，绝对不能放弃啊！

空空如也

投资是如此。从目前的情况来看，合理的做法应该是考虑股价是否会上涨，但人们往往会执着于自己所投入的金额而不会换购其他股票。买彩票也是如此，虽然自己之前花费的金额并不会提升中奖率，但仍然很难完全放弃。

么此时最好应完全中止该项目，否则会进一步加大损失。

人的天性就是始终对自己认为正确的事情抱有肯定的想法并执着于之前投入的精力和成本。即使是面临应该立刻停止的事情，也很难下定决心就此罢手——这也是锚定性启发式思维的一种体现。

过于执着于以往付出的精力

沉没成本效应

问题

Q

仅凭表达方式就能改变人的行动吗？

虽然想要表达的内容并无差异，
但员工们的反应截然不同。

陷入经营困难的公司经理在例会中向员工报告现状的时候，只要把“概率很低”等消极说法换成“不是零”等积极说法，即使是负面消息也会给人一种明朗印象。

这种通过改变表达方式来促使他人产生不同印象的现象被称为“框架效应”。这是一种由锚定性启发式思维引起的现象，即人们受到情境束缚而无法做出合理的判断。

1克和1000毫克，哪个更具有吸引力？

⭐ 以数字为例
更加通俗易懂哦！

表达方式的不同会导致结果差异的出现

框架效应

在营养饮料中经常可以看到"含有1000毫克牛磺酸"的标识，此时我们会感觉它比"1克"要多，但实际上是同样的含量。当不能判断成分含量这种难以想象的具体事物时，较大的数值会给人一种更多的感觉（效果更大）。

这种框架效应被广泛应用于各种商务场合，比如标注打折率、折扣金额，以及增强广告吸引力，等等。顺便一提，据说与价格较低的产品相比，对价格较高的产品标明打折率，会取得更好的效果。

为什么有些商品明明不便宜却让人感觉很便宜？

限时售价从 1000 万日元直降至

700 万日元！

　　价值1000万日元的汽车因价格昂贵而无法入手，但某人在某网站发现它降价至700万日元之后便会感觉非常便宜。然而，该售价对于插图中的夫妇而言相当于他们一年的收入。那么为什么丈夫会觉得便宜呢？

　　这是因为人们总倾向于将最初的印象如锚一样深深地扎在心底。之后在处理新信息的时候，这个"锚"就会产生强烈的影响。在上述事例中，卖家通过将1000万日元设定为"锚"来让消费者感觉到网站上的售价非常便宜。

真的好便宜！我一定要买到手！

哈哈！

喂！喂！喂！

老公，那可是一年的工资啊！

从妻子的反应可以看出双方对于 700 万日元的态度截然相反。

第一印象或第一信息过度影响，甚至支配其后的判断和决策的现象被称为"锚定效应"。它既是框架效应的体现，也是由锚定性启发式思维所引发的效果之一。

为什么三选一比二选一更容易？

当面临"超辣"和"超甜"这两个选项的时候人们会陷入两难之中。然而，加上"普通"这一选项便有助于人们迅速做出决定。

假设存在"超辣""普通""超甜"三种类型的咖喱，那么大多数人都会选择"普通"一类。

如果是二选一，那么很多人会很容易陷入两难的境地，但如果是三选一，那么大多数人会选择位于中间的选项。

人类都具有回避极端事物的倾向，而这种极端回避效应正是由锚定性启发式思维引起的。许多零售业者在商品陈列时会将三档价位的同类商品并排陈列，以此来提升整

使用诱饵使选择变得更为简单

在日本，松竹梅是用于划分商品和座位三种品级的称谓。在"松=上，竹=中，梅=下"这样的等级设定中，人们更倾向于选择位于中间的"竹"。

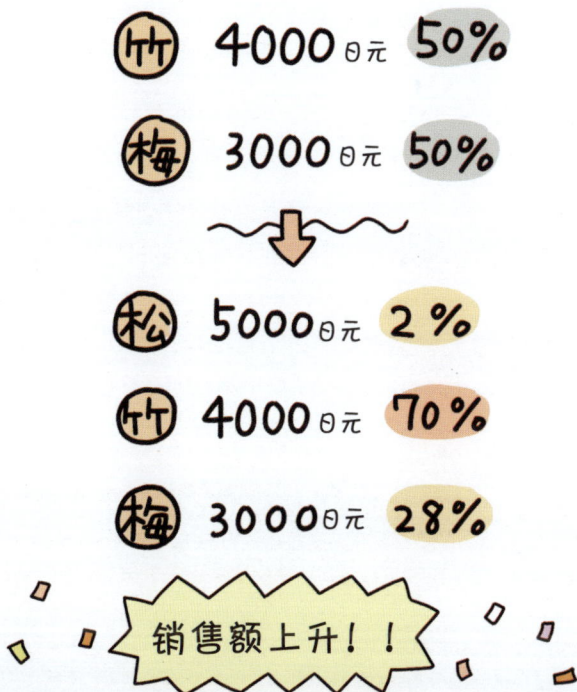

竹 4000日元 50%

梅 3000日元 50%

⬇

松 5000日元 2%

竹 4000日元 70%

梅 3000日元 28%

销售额上升！！

因为人们讨厌两个极端

极端回避效应

体的销售额。

例如，在寿司店或鳗鱼餐厅选择菜品时，人们往往会觉得"松"档太贵且不划算，"梅"档虽然便宜但可能品质不佳，因此最终选择了位居中间的"竹"档。这种极端回避现象恰好捕捉到了消费者的价格敏感心态。

当人们对两个不相上下的选项难以进行选择时，第三个新选项（诱饵）的加入会使某个旧选项显得更有吸引力，这就是所谓"诱饵效应"。

时间偏好和社会偏好

无法归于上述三种分类的启发式思维

心理效应与启发式思维

前文中将引发偏见的启发式思维分为可用性、代表性和锚定性三种，但也存在一些无法明确原因及分类方式的心理效应。

例如，晕轮效应虽然被归类于锚定性启发式思维，但也有可用性的一面。虽然由选择性认知引起的鸡尾酒会效应被归类于可用性启发式思维，但其锚定性因素（积极收集对自身有利的信息）也不容忽视。

可被归于多种类别的心理效应

晕轮效应

> 锚定性（拘泥于名人的优点）；

> 可用性（对名人的印象深刻且易于在脑海中浮现）。

鸡尾酒会效应

> 锚定性（积极收集对自身有利的信息）；

> 可用性（更容易感知自身感兴趣的信息）。

安慰剂效应

> 锚定性（固执己见）；

> 可用性（只感知自身感兴趣的信息）。

时间偏好也是启发式思维之一

部分直觉型启发式思维并不属于可用性、代表性和锚定性中的任何一种，如时间偏好和社会偏好等。所谓"时间偏好"是指人们倾向于关注现在而并非未来。换言之，人们会选择现在能够立刻享受到的乐趣，而不是将来能够获得的巨大利益。

过分顾及周围的"社会偏好"也是不合理的

所谓"社会偏好"就是顾虑他人。从理性角度上来讲，人们应该只考虑自身利益。然而，由于我们都普遍具有顾虑他人的心理倾向，因此可能会采取对自身不利的非理性行动。

另外，根据周围人的眼光来确定自身行动也是社会偏好的体现，其背后是从众心理在发挥着作用。

决策制定与时间点
有关系吗？

时间偏好

咱们去
喝一杯吧！

哎呀，这有
点儿……

明天就要提交给客户的资料还没有完成。
如果恰好此时被关系好的同事邀请去喝酒，你会怎么做呢？

A 拒绝邀请，以加班工作为先；
B 接受去喝酒的邀请（感觉明天可以准备好客户需要的资料）。

制作较为完备的资料有利于提高客户的认可度 = 未来的效用。

和关系好的同事一起去喝酒有利于释放平时的压力并度过愉快的时光 = 眼前的效用。

答案

A

人们普遍重视当下利益

比起将来的利益（受到客户的认可），人们更看重眼下的利益（去喝酒）。

人们更为重视当下

在上一页的事例中，虽然我们都知道遵守与客户的约定有利于增强彼此的信赖感并会在以后的合作过程中带来更多的利益，但仍然有许多人会选择去喝酒来放松身心。实际上，我们会倾向高估目前的价值，而低估未来的重要性。这种现象被称为"时间偏好"，而被高估的眼下利益则被称为"现时偏见"。

时间和效用（利益）的关系

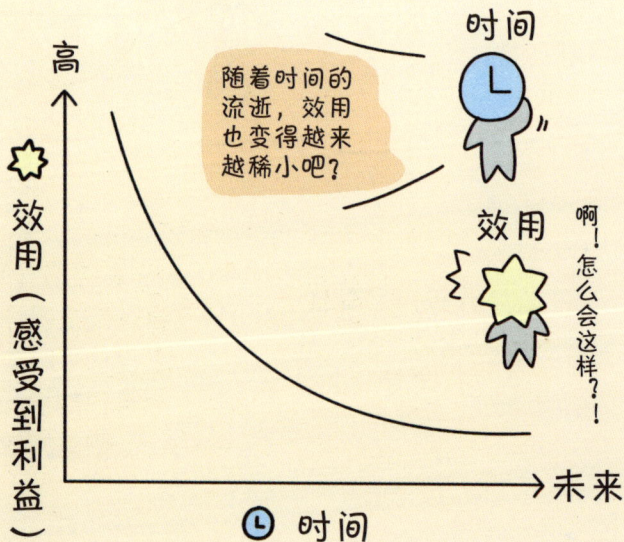

随着时间的流逝，效用也变得越来越稀小吧？

时间

效用

啊！怎么会这样？！

高

效用（感受到利益）

时间

未来

离当下越近，感知到的效用下降幅度就越大；离当下越远，感知到的效用下降幅度就越小。

越接近当下，感受到的效用价值就越高！
现时偏见

是选择现在马上就能拿到的1万日元还是选择在一年后能够拿到2万日元？当面临这一问题时，你会做出怎样的选择呢？显而易见，选择年利率为100%的后者更为合理。然而，实际上大多数人选择的是前者。如果冷静思考，我们便能够判断出哪个更为合理，但实际上在现时偏见的影响下，人们往往会高估目前所获1万日元的价值。换言之，人们会从现在立刻就能得到的效用（金钱和乐趣）中发现巨大的价值。

比起一年后获得 2 万日元，你更倾向于在当下获得 1 万日元吗？

人能够随心所欲地做出决定吗？

社会偏好

我到底该怎么办？！

和大家保持一致吧！

大家都在看着你呢！

传统经济学所设想的理性经济人特征之一是"极端功利",这是一种只考虑自己而不顾他人的性格。实际上，人类的行为特征是与之相反的。当人们在做出决定的时候，人们一定会听取周围的意见或顾及他人的目光，甚至还会将自己与周围的人进行比较。这种时刻考虑他人的心理被称为"社会偏好"，它不仅是人类特有的行为特征，也是行为经济学的特征之一。

答案

A

还是要做到与众不同吧！

人总是会在意他人

人们总是会在意他人的存在。当自己与他人保持一致时，人们会感到安心，而与众不同则会让自己沉浸在优越感之中。

虽然眼下吃亏，但总会有回报的！

关爱他人

人们往往会在没有即时回报的情况下采取行动，例如对陷入困境之中的陌生人施以援手或者不辞辛苦地帮助周围的人。

人总是会在意他人的存在

虚荣效应

在白色、黑色、银色的车充斥着人们视野的情况下，我们在销售店也会看到黄色或红色等稀有颜色的车，这正好迎合了消费者想要与众不同的心理。这种渴望拥有独一无二事物的心理活动被称为"虚荣效应"。

因此，在现实的市场活动中，越是很难买到的商品其需求就越高，而越是容易买到的商品其需求就越低。

最近比较流行黑色的私家车，那我就选择一辆黄色的吧！

你的衣服也是黄色的呀！

与他人保持一致

从众效应　羊群效应

大家都闯红灯，一定会没问题的！

与周围的人保持一致想法并采取相同行动，这被称为"从众效应"或"羊群效应"。就像和大家一起闯红灯一样，即使明明知道这种行为是错误的，也会优先选择配合周围的人。

通过购买价格昂贵的商品来满足虚荣心

凡勃伦效应

呜呼～

好开心！

可爱的奔驰小宝贝！

除实用性之外，还会根据价格和特殊性来发现商品的价值的心理特征被称为"凡勃伦效应"。例如，某些高级汽车和名牌包之所以畅销，就是因为能够刺激消费者的自我表现欲和虚荣心。

为什么要善待他人?

明明是今天才认识的人,在我要离开的时候却想着送我礼物。为什么他们会如此亲切地对待我呢?

请客吃饭或赠送礼物等一系列亲切待人的行为都源自互惠性原则。"互惠性"是指自己付出牺牲（成本）来寻求回报的心理特征，它预设对方会给予回报。

如左图所示，互惠性原则就发挥了一定的作用。这被称为"间接互惠性"，即认为只要自己表现得足够亲切就能够从他人那里获得相应的善意。这正是"我为人人，人人为我"这一思想的体现。

因为他们觉得善意是互相的

互惠性原则

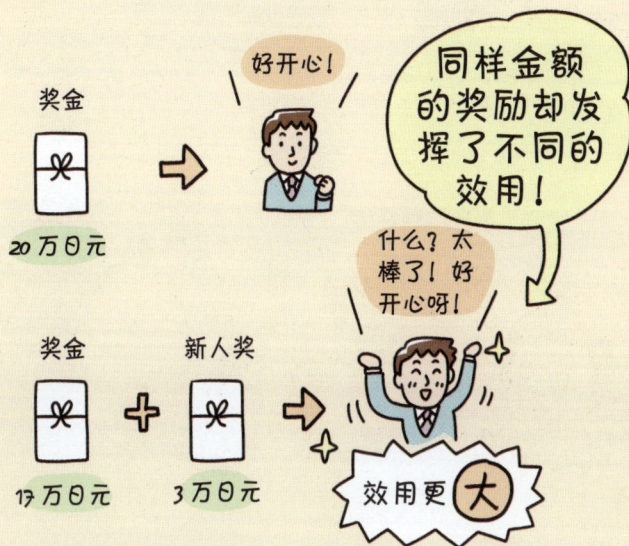

利用回报性来激发员工的干劲儿

奖金

20万日元

好开心！

同样金额的奖励却发挥了不同的效用！

奖金 ＋ 新人奖

17万日元　3万日元

什么？太棒了！好开心呀！

效用更**大**

在准备发放20万日元的奖金时，可以将其分为17万日元的奖金和3万日元的新人奖，这样便可以提升员工的干劲儿。因为员工会觉得如果自己没有认真工作，那么下次有可能拿不到同样的奖金。这种心理在互惠性原则中被称为"回报性"。

问题
Q
没有回报也要善待他人吗？

这是给你们兄弟二人的零花钱！

父亲

哥哥

弟弟

你可以把它据为己有……

我不能做那种事情！

谢谢哥哥！

给你！

哥哥从父亲那里得到了 1000 日元的零花钱。尽管弟弟不知道这件事，但哥哥还是拿出了 500 日元分给弟弟。这到底是为什么呢？

以左图为例，或许有人会认为哥哥照顾年幼的弟弟是理所当然的，但其实即便双方并非兄弟关系也会发生同样的情况。这可以通过一个叫作"独裁者游戏"的实验来说明。

在该实验中，实验组织者准备将一笔钱分给毫无关系的A和B两人，而A在拿到钱之后会将其分给对此一无所知的B。虽然将钱据为己有更符合个人利益，A却选择了与他人共享，这是由人类与生俱来的利他性所致。与互惠性不同的是，利他性纯粹是为了取悦对方而不求回报。

通过善待他人来提高自身影响力

利他性

假设弟弟知道父亲给了 1000 日元零花钱

我多拿了一部分，真的很过意不去……

为什么我获得的钱数较少？！

500 100 100

100 100 100

罪恶感

嫉妒

500

500

假设父亲给了哥哥1000日元但要求哥哥必须分给弟弟，那么哥哥给弟弟1日元而自己留下999日元，此时哥哥的利益会实现最大化，弟弟也会觉得这总比一无所获要好得多。然而，由于充满负罪感的哥哥担心被弟弟嫉妒，因此哥哥会选择将1000日元平分。

第 3 章

决策机制

前景理论

本章介绍的"前景理论"是行为经济学中最具代表性的理论之一，其提出者丹尼尔·卡尼曼于2002年获得了诺贝尔经济学奖。该理论主要用于分析人在得失概率不确定的状况下如何做出决策。如下文所示，人们主要通过两个步骤来决定最终的行动。

决策制定的过程

步骤1　编辑阶段

它是决策制定的第一阶段，也被称为"预处理"。个体充分认识自己所面临的选项并以一个"参照点"为基准，然后进入"评价阶段"。个体在编辑阶段会受到情境的影响。

预处理

虽然我很想购买这款项链，但还是要忍住冲动！

欢迎光临！

20万日元

步骤2　评价阶段

我丢了1000日元！

我捡到了1000日元！

损失 ＞ 获利

真的会一切顺利吗？

手术成功的概率为99%

权衡得失

价值函数

以编辑阶段确定的参照点为基准来对各个选项进行评价。

计算概率

概率加权函数

在进行选择的时候，思考各相关事件发生的概率。

行为决定

通过编辑阶段和评价阶段来判断哪个选项对自己最有利（满意度最高），并确定最终行动。

我要购买这款项链！

20万日元

彩票中奖啦！

意外之喜！

人能够合理地权衡得失吗?

价值函数

A

听说一定能获得100万日元,很多人都蜂拥而至。

绝对能够获得
100 万日元!

期望值相同

100 万日元 × 100%= 100 万日元

哇! 哇!

A 绝对能够获得100万日元

B 获得200万日元和一无所获的概率均为50%

会做出怎样的选择呢?

期望值 是指在一个离散性随机变量试验中每次可得结果的概率乘其结果的总和。换言之,期望值就是该变量输出值的平均数。

📍 面临损失时会选择冒险

在处理金钱损失等问题时，大多数人会选择冒险。例如，在面对"一定会损失100万日元"与"损失200万日元或无损失的概率均为50%"这两个选项时，大多数的人会选择后者来放手一搏。

B

有50%的概率获得

200万日元！

但是没有人选择这一方案

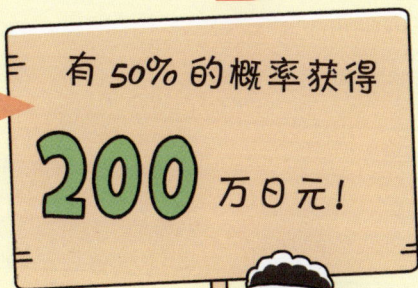

为什么期望值同样是100万日元，就没有人到我这里来呢？难道是因为存在一无所获的概率，所以才没有受到大家的欢迎吗？

200万日元 ×
50%=
100万日元

答案

A

损失比获利更引人重视

A和B的期望值相同。但是在获利的情况下，人们会回避风险且更喜欢确定性，因此很多人会选择能够100%获利的A方案。

损失比获利更引人重视

即使是同等数额的金钱，获利时的喜悦和亏损时的悲伤带给人的心理冲击也是不一样的。在前景理论中，这种对得失的感受需要用"价值函数"来进行表现。

如下一页中的坐标图所示，纵轴表示得失引起的感情变动，而横轴表示得失的客观价值。由此可见，损失同样数额的金钱会比获得同样数额的金钱，更能引起主体的剧烈反应。在数额相同的情况下，损失带来的情感伤害是获利带来的心理喜悦的2.25倍。因此，每个人都会极力回避损失，这被称为"损失回避原则"。

同等数额的金额带来的心理冲击有所差异

如下一页中的坐标图所示，假设获利1000日元时的喜悦感是"1"，那么损失1000日元时的悲伤感是"2.25"。从心理角度来看，损失要比获利更容易带来巨大的情感冲击。

◗ 得失越大，感觉就越迟钝

你是否会感觉第一瓶啤酒的味道明显好于第二瓶或第三瓶呢？同样，在股市中最初损失的1 000 000日元会比下次再损失的1 000 000日元更让人感到悲伤。

由此可见，无论是收益还是损失，只要离参照点越远，行为主体的感觉就越迟钝。价值函数的形状恰好就反映了这种报酬递减原则。

损失带来的情感冲击是获利时的 2.25 倍　报酬递减原则

前景理论中的价值函数

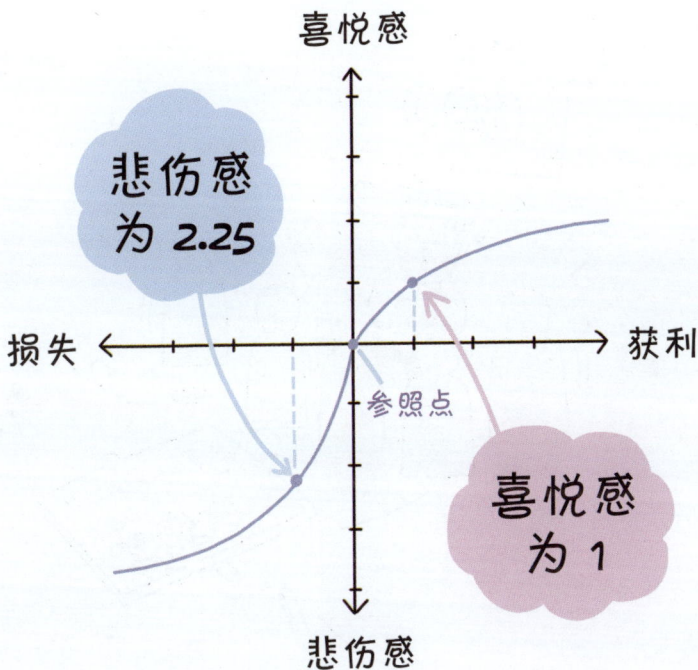

喜悦感

悲伤感
为 2.25

损失 ← → 获利

参照点

喜悦感
为 1

悲伤感

获利时倾向于回避风险

风险回避效应

如下图所示，大部分人都会选择"绝对能够拿到600万日元"这一选项。正如前文中所介绍的那样，人一旦见到某种利益就会竭尽全力地保证自己能够切实得到它。这种心理活动被称为"风险回避效应"。

绝对能够吸引人！

人们倾向于选择确定性较高的一方。尽管确定性较低的选项最明显的好处是至少能够获得200万日元，但与绝对能够获得600万日元这一选项相比，前者还是会给人一种得不偿失的感觉。该心理活动已经在行为经济学得以证实。

绝对能够获得 600 万日元！

哇！

哇！

600 万日元 ×100%
=600 万日元

获得 200 万日元和 1000 万日元的概率均为 50%

无人问津……

期望值相同

（200 万日元 +1000 万日元）
×50%=600 万日元

失败会更容易让人选择冒险　风险导向

　　实践证明，即使是在利益面前极力回避风险的人，在面临损失的时候也会倾向于选择冒险。例如，如果某人在股市中损失了20万日元并就此放弃，那么注定会造成20万日元的损失。因此，他往往会选择继续在股市中投入20万日元以试图实现翻盘获利。如果这一次投资获利，那么总损失为0日元，而一旦这一次投资失败，那么总损失为40万日元。虽然这种损失远远大于就此收手时的损失，但仍然会有许多人选择继续冒险。这种心理活动被称为"风险导向"。众所周知，价值函数的形状向上凸出是风险回避型，向下凸出则为风险导向型。

在失败的情况下，大多数人会选择翻盘

价值感受会因主体或状况的不同而改变吗？

参照点

> 临时奖金为
> **5** 万日元！

> 赚到了！

> 我原本以为只有 **2** 万日元呢！

完成了既定销售目标，得到了5万日元的临时特别奖金。

为什么有人欢喜有人忧呢？

📍 状况的改变会影响价值的感受

买东西的时候，根据情况，评判标准也会改变。例如，人们在购买了解其市场行情的商品时，既定评判标准会被考虑进去；但在购买不了解其市场行情的商品时，人们就会受之前看到的价格牌的强烈影响，其评判标准也随之受到影响。

答案

A

每个人都有自己的标准

预测奖金为2万日元的员工会感觉自己获利颇多，而认为奖金为8万日元的员工会感觉损失巨大。

每个人都有自己的标准

传统经济学认为人是极端理性的。因此，它认为所有员工在获得额外奖金的时候都会感到高兴，毕竟发放奖金是一件值得庆贺的事情。

然而事实并非如此。因为不同主体从相同数额的金钱中所感受到的价值是存在差异的。如上一页所示，预测奖金金额较少的人会感到高兴，而预测奖金金额较多的人会感到失望。这个基准在前景理论中被称为"参照点"。

事先预测的差异会导致有人欢喜有人忧

在上一页的事例中，认为能拿到8万日元奖金的员工会基于以往经验将参照点（标准）设定为8万日元。与此相对，没有领取过临时奖金的员工会基于各种各样的理由将参照点（标准）设定为2万日元，因此对额外获得3万日元会感到非常高兴。

3万日元 比我预想的少

不翼而飞！

-3万日元

0　2万日元　5万日元　8万日元

参照点

3万日元 比我预想的多

我来啦！

+3万日元

0　2万日元　5万日元　8万日元

参照点

🖐 参照点根据状况的变化而改变

参照点会根据状况的变化而改变。人们倾向于判断事物的相对价值。比如，对于平时购买频率较低的商品，人们由于不了解其市场行情因而无法在内心确定价格标准。在这种情况下，最初看到的商品价格会对参照点产生影响。你如果最初看到的是价格昂贵的商品，那么之后再看到其他价位的同类商品时便会感觉便宜。这种通过对比而改变印象（参照点）的现象被称为"对比效应"，经常被作为店铺的销售战略来使用。

如何产生"价格昂贵"的感觉？

不了解手表行情的人第一次去购买高级手表的时候，在看到10万日元的手表之后，就会感觉价格昂贵。但如果这个人最初看的是30万日元的手表，之后再看10万日元手表的时候就不会觉得特别贵。

Q 问题

为什么概率越低越觉得有希望呢？

概率加权函数

哇！ 彩票 1亿日元 哇！

今年购买彩票一定会中！

即使从来没有中过奖，也依然会对彩票充满期待。

为什么彩票如此受欢迎，甚至购买时还会排起长队呢？

📍 低估高概率

人们往往会低估高概率。即便他们自认为已经把握某概率，实际上却并不善于理性客观地评估概率。

中奖的概率大约为……

在 **100** 个可容纳 **5** 万人的体育场中选中 **1** 个……

中彩票一等奖的概率几乎为零。很多人购买彩票的理由与自身对概率的感知有关。

0.000 02%!

瑟瑟发抖

答案

A

高估低概率

如果人们能够对概率进行理性评估，那么彩票不会受到人们的追捧。之所以人们对彩票充满兴趣，是因为他们高估了低概率。

高估低概率

人类并不擅长准确地把握概率。人类对概率的感知方式被称为"概率加权函数"，它构成了前景理论的核心。在下图中，横轴表示客观的实际概率，纵轴表示主观的感受概率。如果人们能够正确地把握概率，那么该图将呈现出一条45°直线的样态。

然而，人们在现实生活中往往会高估低概率或者低估高概率，就形成了下图中的直感性概率评估曲线。因此，即便购买彩票中1亿日元的概率为0.000 02%（500万人中有1人），也仍然会有人对此充满希望。

前景理论中概率加权函数的相关图

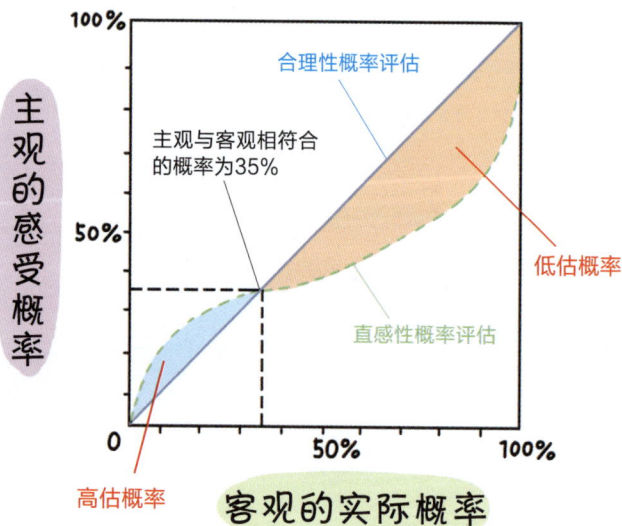

合理性概率评估

主观与客观相符合的概率为35%

低估概率

直感性概率评估

主观的感受概率

高估概率

客观的实际概率

🖝 概率几乎完全可以确定的时候最容易引起误解

在客观的实际概率接近0%或100%等几乎可以完全确定的时候，高估低概率和低估高概率的倾向尤为明显。比如，明明知道中奖的概率极小，却仍然对彩票一等奖抱有期待，或者对很少发生的空难事故过度恐惧等。

> ### 概率几乎完全可以确定的时候最容易引起误解

飞机失事的概率往往会被高估。据说在飞机失事中死亡的概率为数百万分之一。虽然这明显低于汽车事故的概率，但由于飞机失事的概率被高估了，因而会导致许多人恐飞。

如果飞机掉下来该怎么办呢?

瑟瑟发抖

> ### 该倾向在涉及生命和生活的时候更为显著

当面临涉及自身生命和生活等重要的切身事情时，人们更容易错误地评估概率。当被告知该手术成功的概率是99%的时候，许多人大大地低估成功的可能性。

真的会一切顺利吗?

手术成功的概率为99%

Q 问题

如何决定钱的使用方法？

预处理

A 当准备购买一张10 000日元的门票时发现自己丢了10 000日元。

B 提前购买了一张10 000日元的预售票，之后发现自己把该预售票弄丢了。

在哪种情况下，你会愿意再花10 000日元购买门票去参加音乐会呢？

📍 根据入手方式改变使用方法

即使金额相同，人们也往往会小心慎重地使用自己的血汗钱，而大把地挥霍彩票中奖的奖金。

购买门票

放弃购买

答案

A

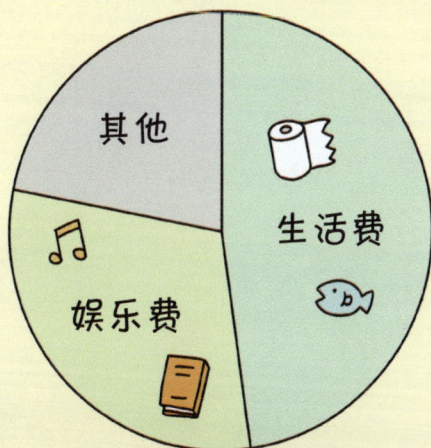

和心理账户有关！

如此，我们便在脑海之中完成了对金钱用途的分类。

心理账户左右最终决策

人们会在脑海中把每月的支出分成生活费、娱乐费等若干账户，并在各个账户中进行理财。

心理账户左右最终决策

心理账户

与得失和概率等相关的决策制定会受到预处理的影响。所谓"预处理"是指为了做出决策而对各种状况进行分析评价的过程。在预处理阶段，我们需要讨论各个选择项并确定参照点。

其中，心理账户就是需要讨论的项目之一。我们会在脑海中把收入分成生活费、娱乐费等若干账户并在无意识中确定最佳支出方式，以便在每个账户中实现成本效益最大化。

尚未使用的 10 000 日元是"生活费"

在丢失一张10 000日元的音乐会门票后，人们往往不会再购买一张新的门票。因为他们会将丢失的门票成本和再次购买门票所产生的成本进行叠加（10 000日元+10 000日元=20 000日元），并在成本加和较高的情况下选择放弃。与此相对，如果丢失了10 000日元的钞票，人们往往会将其作为生活费的损失并继续花费10 000日元购买音乐会门票，因为他们认为生活费和娱乐费是分离且互不影响的。

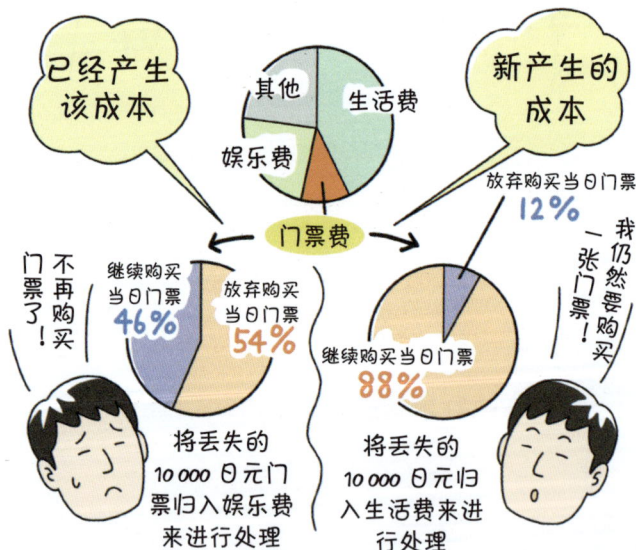

已经产生该成本

其他 生活费

娱乐费

新产生的成本

门票费

放弃购买当日门票 12%

我仍然要购买一张门票！

不再购买门票了！

继续购买当日门票 46%

放弃购买当日门票 54%

继续购买当日门票 88%

将丢失的10 000日元门票归入娱乐费来进行处理

将丢失的10 000日元归入生活费来进行处理

分外珍惜自己的血汗钱　赌场盈利效应

赚钱方式的不同会导致消费方式有所差异。从极端合理的角度来考虑，每一笔钱的意义都是无差异的。但在实际生活中，人们往往会更加珍惜重视通过工作挣来的钱。

相比之下，面对通过彩票中奖等方式无须费心费力便入手的钱，人们往往会采取更加简单粗暴的挥霍方式。这种倾向被称为"赌场盈利效应"。在预处理阶段，人们会为手头的钱赋予意义并以此为基础来决定使用方法。

辛苦劳作赚来的钱

虽然我很想购买这款项链，但还是要忍住冲动！

欢迎光临！

20万日元

轻松入手的一笔横财

我要购买这款项链！

彩票中奖啦！

意外之喜！

20万日元

解释水平理论

越临近期待的事情就越郁闷

举办婚礼的前一年

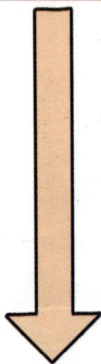

太棒了！终于要和他结婚了！

我会穿上怎样的婚纱呢？

真的好 期待呀！

会是一段怎样的甜蜜生活呢？

他能向我求婚，真的好开心！

心情舒畅

举办婚礼的前一个月

结婚典礼的筹备工作太麻烦了……

也还没有做好搬家的准备工作……

充满 不安

目前也没有什么存款……

就这样草草结婚真的没问题吗？

郁闷烦躁

原本内心对婚姻生活充满期待，但到了结婚典礼前夕就会患上"婚前焦虑综合征"。难道真的是随着时间推移而出现了心理变化吗？

原本内心深处对婚姻生活充满着期待，但随着结婚典礼的临近会萌生出各种各样的不安，甚至会动摇结婚的意志。其原因可以通过针对婚姻生活利弊的时间贴现来进行解释。所谓时间贴现是指个人对事件的价值量估计会随时间的流逝而下降的心理现象，它是行为选择理论的一个重要组成部分。对此，认为与某个对象或事件的心理距离远近会影响价值评估的解释水平理论便有了一定的用武之地。

时间贴现相关示意图

如下图所示，人们在当下时刻对将来要发生事件的价值评估往往会打折扣。

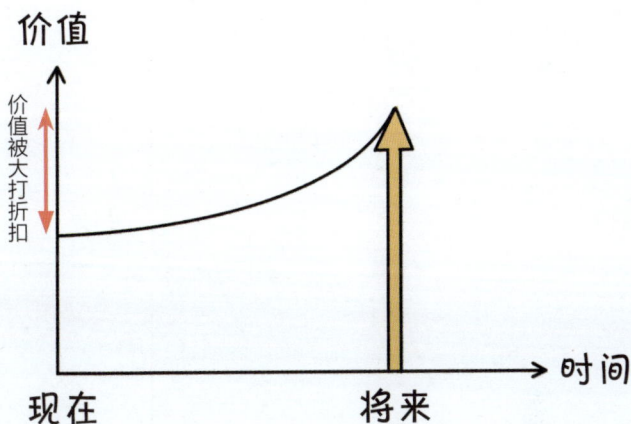

解释会随着时间的推移而发生改变

人们往往会放大眼前的得失而忽略将来的得失，甚至会做出放弃结婚等错误选择。

解释水平理论认为，人们对时间距离较远的事物会进行抽象的本质探索（高水平解释），而对时间距离较近的事物倾向于进行具体的次要探索（低水平解释）。首先，双方之所以决定结婚，是因为与伴侣幸福地共度余生这一基本目标的重要性，已经超过了结婚典礼的筹备工作和双方家庭的关系处理等次要因素。然而，由于低水平解释的时间贴现超过了高水平解释，因此越临近婚期，就越容易将次要因素的重要性置于本质因素之上，并出现偏好逆转。这就是产生婚前焦虑综合征的原因。

产生婚前焦虑综合征的原因

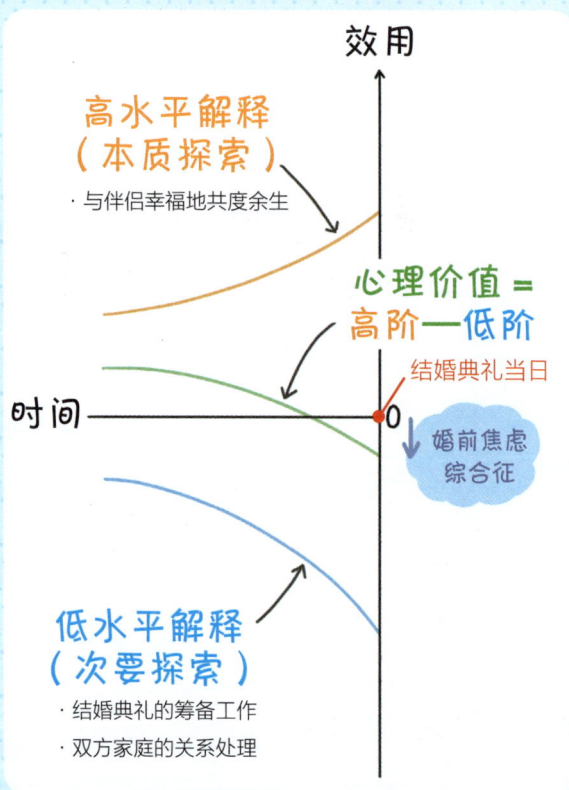

效用

高水平解释
（本质探索）
· 与伴侣幸福地共度余生

心理价值 =
高阶－低阶

结婚典礼当日

时间 ⎯⎯ 0

婚前焦虑综合征

低水平解释
（次要探索）
· 结婚典礼的筹备工作
· 双方家庭的关系处理

一旦即时效用占据上风就会出现偏好逆转
现时偏见

　　正如前文所述，人们往往会过于看重眼前的利益。比如，你一度下定决心要减肥却忍不住吃了蛋糕或者明明想戒烟却拿起了眼前的香烟……诸如此类的事例比比皆是，这些都是因为过度感知眼前事物价值而导致偏好发生逆转。显而易见，减肥和戒烟都会给未来生活带来巨大效用，我们如果能够理性考虑，就应该选择继续忍耐。但实际上，人们会被一时的效用诱惑。当我们专注于现在而非未来时，就会发生偏好逆转。

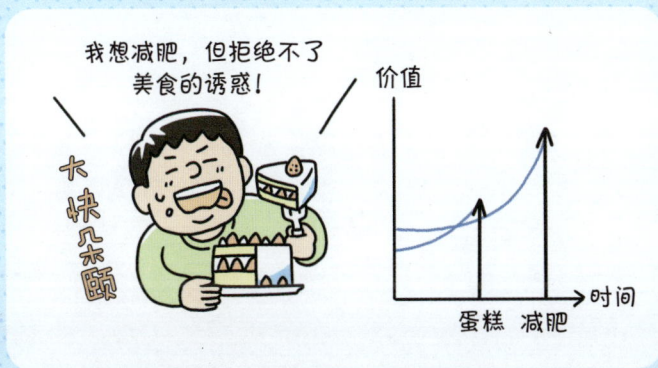

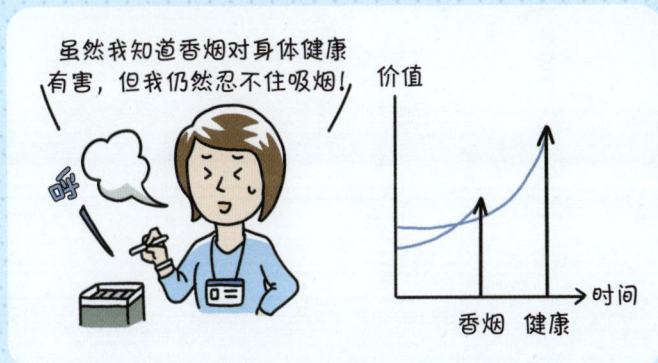

第 4 章

活用于市场营销领域！

行为经济学的应用案例

本章将介绍行为经济学理论应用于市场营销领域的若干案例。所谓"市场营销"是为了销售商品或服务而采取的一系列战略。如第1章所述，市场营销和行为经济学的关系极为密切，以至于市场营销领域领军人物菲利普·科特勒曾经说过，行为经济学只是市场营销的别称而已。因此，要想了解市场营销，就必须掌握行为经济学理论。

市场营销成功案例 ①

为什么制作过程更为烦琐的蛋糕粉反而畅销？

虽然简单方便

但销路不畅……

水 只需加水搅拌即可进行烘焙！

蛋糕粉

虽然制作过程简单方便，但是……

但是我不想被大家认为是在投机取巧。

苦恼

原本以为简化制作过程会让消费者很开心。然而，现实并非如此简单。

虽然制作方法简单又省心，但为什么就无法畅销呢？

这款只需加水搅拌即可进行烘焙的蛋糕粉无须额外添加其他食材，既简单方便又味道鲜美。原本以为它会成为爆款，结果却是销路不畅。然而，当制造商将这款蛋糕粉恢复成需要在制作过程中添加鸡蛋和牛奶的普通蛋糕粉之后，销路又变好起来。究其原因，主要与以下两个因素有关。

让消费者高估物品价值的宜家效应

为什么宜家的商品如此受欢迎呢？其理由之一就是需要顾客自己进行组装。因为消费者很容易对自己投入精力、情感而创造的物品进行过高的价值判断。前一页中的事例亦是如此，消费者越是投入时间和精力去制作蛋糕，就越能体会到原创的成就感，因此大多数人会选择需要添加鸡蛋和牛奶的普通蛋糕粉。

越投入精力越觉得物超所值

1 投入时间和精力进行组装……

太棒了！终于组装好了！

2 消费者感到物超所值

宜家出售的家具需要顾客自己进行组装，让顾客在组装过程中体会到乐趣和商品的价值。我们将这种心理现象命名为"宜家效应"。

在意家人的评价

影响家庭的社会规范

有些顾客拒绝使用只需加水搅拌即可进行烘焙的蛋糕粉，是因为他们非常在意家人的评价。换言之，他们很担心自己被人认为是在投机取巧。如果想让个人利益实现最大化，当然应该选择只需加水搅拌即可进行烘焙的蛋糕粉。即便如此，人们往往还是会在意家人以及其他人的眼光。

实际上，这和家人是否认为自己在投机取巧并没有关系。人们总会无意识地在意周围的目光。

市场营销成功案例 ②

明明只相差 20 日元，但 1980 日元和 2000 日元有天壤之别！

降价处理

T恤 售价 **2000 日元**

居然要2000日元，太贵了！

同样是打折商品，2000日元和1980日元给人的印象却截然不同。

为什么只相差 20 日元却能够引起销量差距?

当去商店购物的时候，我们会发现许多商品的标价均以"80"结尾，如980日元、1980日元、2980日元等。你有没有对此感觉不可思议呢? 即便是同样的商品，标价为2000日元和1980日元时的销量是完全不同的。为什么只相差20日元却能够引起销量差距?

最大位数会影响消费者对整体价格的印象

数字——『980』！让人感觉少一个位数的魔法

　　我们了解商品价格时往往是从最大位数开始阅读标签价格。如果商家将价格设定为1980日元，那么首先映入眼帘的数字是"1"。虽然这个价格非常接近2000日元，但在消费者脑海中却留下了该商品价值1000多日元的深刻印象。另外，如果你用千元纸币进行支付，就能够找回20日元的零钱，这也会让人觉得很划算。

快来看！

嘿！

980

1000多日元?!

降价处理

T恤 售价 1980 日元

1980 日元?!

我没有想到居然接近 2000 日元了！

　　这种看似便宜实则相差无几的半吊子式售价被称为"尾数价格"。

干脆利落的数字给人以昂贵之感！

干脆利落的数字给人以高档印象

与1980日元等尾数价格相反，50万日元这样的高价会给人以昂贵之感，这被称为"威望价格"。能够让消费者感觉价格昂贵，也是具有一定益处的。比如，名牌商品会通过抬高价格，来激发购买者的优越感和自我表现欲（凡勃伦效应）。如果该商品给人以廉价之感，有时反而会销路不畅。此时就需要将售价设定成一些干脆利落的数字。

使用威望价格之后……

1600万日元

50万日元

太豪华了！好像买一辆！

太漂亮了！

名牌商品的销路非常好！

名牌商品往往会使用威望价格。但如果是二手再出售，那么即便原本是名牌商品，也会为了吸引顾客而设定相应的尾数价格。

明治 THE 系列巧克力店非常吸引人！

这款板状巧克力真的好轻奢啊！

巧克力

创下销售纪录的板状巧克力所凭借的优势是什么？

在奢侈品领域，也存在许多可以通过行为经济学理论来进行解释的成功市场营销案例。例如，明治公司自2017年起就开始销售板状巧

克力。这款商品的最大特征是根据可可豆的产地不同，有多个系列可供消费者选择。它允许消费者以选择咖啡豆的方式来选择可可豆，虽然其价格接近普通板状巧克力的两倍，但在发售后的一年时间里创下了销量3000万枚的热卖纪录。

畅销的秘诀不仅在于该产品根据可可豆产地的不同来销售多个系列，而且还从消费者的角度出发采取了一系列营销战略，如认真考虑商品的陈列方式及采用醒目的包装等。

力求与众不同以凸显特殊性

在板状巧克力种类中具有划时代意义的"竖放"

明治巧克力成为热卖商品的最主要原因就在于实现了彻底的差异化。

在此之前的板状巧克力一般都是横排陈列在销售专区，而明治板状巧克力在包装设计上采用了纵向设计并进行了竖排陈列。因此，这款商品在种类众多的巧克力中格外显眼。

这款商品包装没有采取常见的焦茶色，而是选择了淡淡的米色。这种流行的配色在社交平台上大受欢迎。

通过包装和种类实现差异化

充满高级感的哑光手感包装使得商品更加与众不同，并成功地发挥了与高价位相匹配的框架效果。另外，更让消费者心动的是，明治THE系列巧克力推出了8款不同系列。在一成不变的巧克力世界中，多种类的选择无疑产生了风暴式的效果。因此，这款商品常被选作情人节礼物或生日礼物，受到了极大关注。

通过提供8种类型的商品来引导消费者从中选择自己喜欢的一类。这成功地避免了消费者将其与其他公司的商品进行比较。另外，它还创造出一种独一无二的特殊感（虚荣效应），因此经常被消费者选作礼物赠予他人。

除此之外

通过雷达图凸显产品价值!

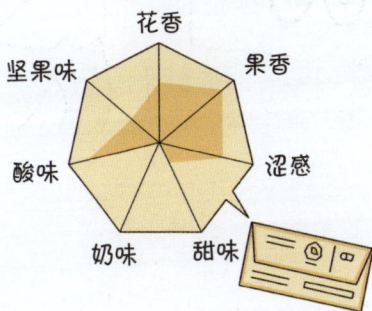

包装的背面标注了体现巧克力的甜、苦、香等要素的雷达图。通过展示商品的特色，让顾客觉得该商品的品质与众不同，因此价格昂贵也在情理之中。

吸引消费者的7-11战略

打八折

也没有便宜很多呀……

好便宜啊！真是入手的好时机！

饭团售价 100 日元

大甩卖！

7-11便利店会定期举办"饭团100日元大甩卖"的活动。
这比单纯打八折会更让消费者感觉划算。

框架效应

低价商品比打折商品更能够让消费者感觉便宜！

超市里的饭团标签显示为"原价120日元现价打八折"，而7-11便利店直接标明饭团的价格为100日元。那么，究竟哪一个更有吸引力呢？你会不会觉得100日元的饭团更便宜呢？原因就在于直接标明100日元更容易让人产生深刻印象。虽然实际上是超市的饭团更便宜，但因为"打八折"这种表述很难让消费者产生直观印象，所以他们会错误地感觉超市的饭团价格更贵。

售价

100日元

打八折

比起打折率，直观的金额数字更能够让消费者感觉便宜。

韵律偏见效应

（可用性启发式思维）

朗朗上口的句子更容易给人留下深刻印象

"购物就到7-11，让您心情更美好"这句家喻户晓的广告词成了人们频繁去7-11便利店购物的主要原因。一些容易发音、容易理解、容易记住的广告词往往会因为其富含韵律或者押韵上口而给他人留下深刻印象。因此，每当消费者准备购物的时候，只要脑海中浮现出这句话就会到7-11便利店选购商品。

购物就到7-11，让您心情更美好！

冲呀！

购物就到7-11，让您心情更美好！

吸引消费者的电视购物

喂，您好。

我想购买……

不知不觉间被购物内容所吸引……

下订单！

许多观众最开始只是打算随便看看而已，但在不知不觉间会兴致勃勃地盯着画面。即使所介绍的商品与其他店铺的商品相同，节目组也会想方设法地让消费者觉得电视购物中的商品更加物美价廉。

吸引观众视线的节目技巧

　　你是否曾经在深夜里不经意打开电视，然后不知不觉间就被电视购物吸引了注意力。如今，使用计算机和智能手机进行网上购物，对于中老年人而言也变成了稀松平常之事。但为什么需要特意打电话才能订购商品的电视购物仍然人气不减呢？其原因与吸引观众的行为经济学理论有关。

对人气演员或歌手的信任感提升了对商品的印象

通过名人的力量提高说服力！

吸引观众的第一要素是介绍商品的演员或歌手。以食物为例，如果给人印象良好且颇受欢迎的演员或歌手津津有味地吃着食物，那么观众会在演员或歌手的带动下自然而然地感觉这款食物非常美味。同样，当演员或歌手流露出感动之情时，观众也会感同身受。此时，即使该商品的价格稍微偏高或者性价比较低，观众也会选择睁一只眼闭一只眼。

太震撼了！

味道真的很鲜美！

除此之外……

设定具有吸引力的宣传语

瑕疵打折处理商品 ?

颜色限定商品

销售量超过 2000 万台！

也被称为"情境效应"的框架效应在此时也能够发挥积极作用。例如，"瑕疵打折处理"和"颜色限定"等表现形式更有利于突出商品的价值，从而进一步吸引消费者。

时间压力

（代表性启发式思维）

时间压迫感会剥夺冷静判断的能力

人们在时间紧迫的情况下会使用启发式思维来简化思考过程并只捕捉特定信息来做出决定。如果突出的特定信息是积极的，那么他们会对该商品产生好感。如果卖家宣称某款商品仅在接下来的30分钟内优惠1000日元，那么感受到时间压迫感的观众就不会认真思考自己的真实需求而直接做出判断。

呀？

我必须抓紧时间抢购了！

剩余28分钟……

00:28:32
00:28:31
00:28:33

----- 000-××× -----

原因 3

锚定效应

设定参考价格来让顾客感觉更便宜

另一个因素就是用通过锚定方式来让消费者感受到价格的下降。例如，当你想以1980日元的价格出售某件商品的时候，与其从一开始就大张旗鼓地宣传其售价为1980日元，倒不如在节目中分两到三次慢慢地进行降价，这样更能够激起观众的购买欲望。这是因为降价前所提出的售价会成为"锚"，观众会以此为根据切实感受到商品价格的下降。在销售某款新商品或者限定商品的时候更是如此，因为观众对它们并不熟悉。由于没有参考价格，因此他们会稀里糊涂地认为最初看到的售价就是合理的。

¥5980
可当
¥3980
可当
¥1980
咚
终于入手啦！

让减肥事业大获成功的秘诀

现在报名可以免费体验一周！

XX健身房

如果不能达到瘦身效果将
全额返还学费！

反正也不会有什么损失，那就试试看吧……

当健身房强调如果未能达到瘦身效果便全额返还学费的时候，消费者就会产生即便没有结果也不会有任何损失的感觉，从而更加容易地购买健身房的瘦身课程了。

回报性

热情回应的回报性
会引发积极效应

专业健身教练时刻陪伴客户左右，他们在鼓励客户的同时积极指导其进行减肥。这种行为必将促使客户减肥成功。因为当别人为自己做了一些事情的时候，人们就会产生想要报答对方的回报性心理。因此，顾客就会想要拿出减肥成果来回报专业健身教练的努力。

原因 2

沉没成本效应

不想放弃的两个理由

沉没成本效应也能够发挥一定的作用，因为人们都会有一种"好不容易开始了，不坚持下去就会吃亏"的想法。不仅如此，如果在退款保证期（30天）内持续进行减肥计划，那么减肥就会变成一种常态（现状偏差）。

人们由于倾向于维持现状，因此会选择继续坚持直至取得效果。

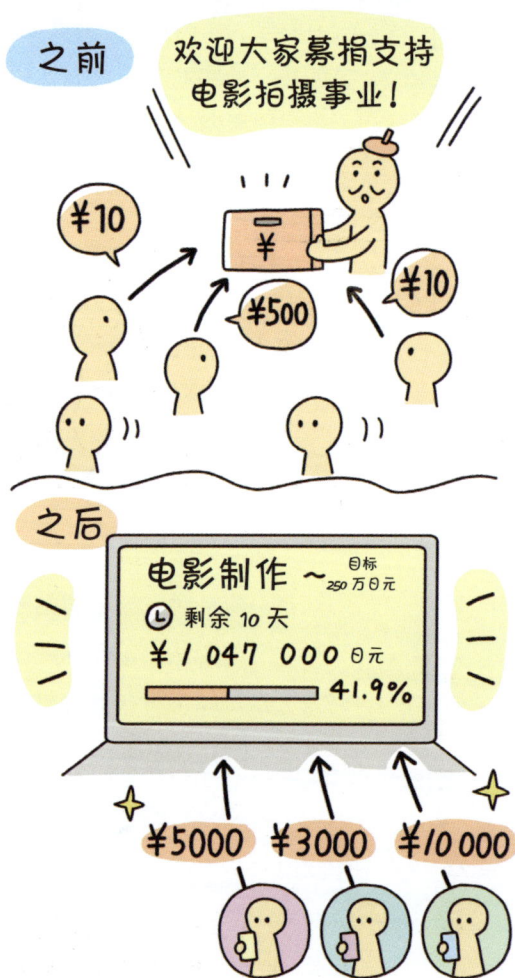

众筹容易筹集到大量资金

我们常常通过众筹的方式来对具有发展前景的商品或服务进行投资并帮助其发展。此时所获得的金额往往会超过实际需求，那么到底是怎样的机制在发挥作用呢？

原因 1

从众效应

因为能够看到他人的捐赠金额，所以自己也会跟风

人们往往会通过采取与大多数人相同的行为方式来获得安心。因为独处的时候会感到不安，所以想要和周围的动态保持同步。众筹亦是如此。当你看到金额在持续增加的时候，自己如果没有参与其中就会感到不安。因为大多数人都持有这种想法，所以能够募集到大量资金。

🕐 剩余 10 天

¥ 1 047 000 日元

41.9 %

大家已经捐赠这么多了吗？！

原因 2

利他性

为社会做贡献的感觉会降低投资门槛

普通投资都是期待一定回报的，但是很多人认为众筹不是单纯的投资而是帮助有困难的人。因此，即使没有回报也同样能够募集到援助金。虽然这从经济学角度来看并不合理，但人们的确会采取一系列利他性行为。

想要制作一部真正意义上的电影！

××大学 影视研究会

我要助他们一臂之力！

为什么消极的宣传语能够引发购买欲望？

之前

强效除菌！

嗯？

之后

案板上的细菌在狂欢！

如果我们再不采取一些措施，后果将不堪设想！

比起商品本身的优点，如今的电视广告和报纸广告都在更多地宣传不使用该商品的危险性。那么为什么要采用这样的方法呢？

比起积极信息，人们更容易将注意力集中在消极信息上并产生深刻印象。这与损失回避原则是紧密相连的。

如果让消费者对商品的期待过高，那么一旦商品没有达到预期效果就会引发极度不满。因此，商家会通过引发消费者的恐惧心理来宣传商品的必要性。

通过提供消极信息来让消费者产生损失感

原因 2

焦点效应

人们对于自己感兴趣的事情往往会通过选择性认知的方式来进行把握。消极的宣传方式尤其在脱毛、头发稀疏和除臭剂等领域更为有效，这是因为人们会高估他人对自己的关注度。

这就是所谓的"焦点效应"。当你被告知周围的人比你想象的还要在意你的时候，恐惧就会大大增加。

过度在意某事会导致危机感倍增

第 5 章

行为经济学的亮点！

助推理论

本章将介绍近年来在行为经济学中备受关注的助推理论。所谓"助推"是指通过正面强化和间接暗示来影响群体或个人的行为和决策。通过助推可以在不强制对方的前提下促使其采取理想行动。目前该理论因其实用性较高而被许多大型企业和政府加以运用。我先来介绍一下助推理论中的代表性用语。

之前

爸爸，我们收到一张这样的纸……

真讨厌！

规定期限已过，请尽快缴纳

税金！

太麻烦了！

拖欠税款的人已经收到了催缴通知书，却迟迟不去缴纳。

灵活运用助 | 推理论之后……

之后

看来这是无可奈何之事啊！

大部分人已经在规定期限内完成了税金缴纳。

改变催缴通知书的内容之后，原本不情愿缴纳税金的人对纳税产生了一定的积极想法。

让对方按照己方的意愿做出选择

在有选择自由的情况下，将己方希望对方选择的事项作为初始设定的行为被称为"默认"。例如，在网站注册会员的页面中会预设勾选"接收邮件杂志"等选项，或者在通信公司选择套餐时会被随意预先勾选某些业务选项。当信息量过大时，人们往往会停止思考并使用启发式思维。在面临冗长文章或者多个选项的时候，人们就会变得不愿进行思考。换言之，人们因为难以改变原本的选择，所以会默认预先设定的事项。

选择性加入及选择性退出

选择同意与否的情况，可以分为选择性加入及选择性退出两种。所谓"选择性加入"是指选择者亲手勾选自己同意的项目。"选择性退出"是指选择者如果不同意已经勾选的项目，就可以取消勾选。

如果您同意访问您的个人信息，请在下面的□中打"✓"

选择性加入

如果您不同意访问您的个人信息，请取消下面□中的"✓"勾选

选择性退出

**禀
赋
效
应**

不想放弃某件物品和某种状态的心理

所谓"禀赋效应"指一个人一旦拥有某件物品，他对该物品的价值评价就要比未拥有之前的大大增加。这与前文中介绍的损失回避原则是息息相关的。因为失去曾经拥有的东西会产生损失感，所以这与获得未曾拥有的东西相比会带来更大的心理冲击。

禀赋效应也会对那些实际未曾到手的东西发挥作用，如在线拍卖。只要竞拍一次，人们就会产生一种自己就是那件商品所有者的心态。一旦别人刷新价格，他们就会在不愿放弃的心态影响下以更高的价格进行竞拍。

验证禀赋效应的相关实验

问题： 假设你想出售（购买）一个马克杯，那么你觉得它值多少钱呢？

已经入手
马克杯的人

尚未入手
马克杯的人

7.12 美元

2.87 美元

⭐ 一旦入手某件物品，
人对该物品的价值评价就会翻倍。

开动脑筋的员工食堂！

运用默认 原理
保持员工健康饮食

以谷歌公司为例

咖喱盖浇饭 ￥600

炸猪排饭 ￥700

蔬菜沙拉 ￥220

拉面 ￥550

今天还是选择吃
咖喱盖浇饭吧！

在普通员工食堂内，员工只能参考显示屏上展示的样品来挑选菜品，因此很容易就选择出自己喜欢的食物。特别是在可用性启发式思维的作用下，员工总是会倾向于选择自己熟悉的菜品。

把吃蔬菜当作一件理所当然的事情

谷歌公司是一家积极运用助推理论的世界级企业，其员工食堂也通过灵活运用助推理论来成功地保障公司员工的身体健康。首先，该员工食堂会把蔬菜沙拉放在员工食堂最显眼的位置。这样一来，员工就默认了吃蔬菜是一件理所当然的事情。

其次，该员工食堂采用的是免费自助餐形式。光顾食堂的员工会产生不多拿一些免费蔬菜沙拉就吃亏的心理，于是就会在盘子里放满蔬菜。

免费随意取餐！！

把蔬菜沙拉放在最显眼的位置
默认状态

有这么多蔬菜沙拉呀！那我可要多吃一些了！！

太棒了！

当你到达肉类区时，装有许多蔬菜沙拉的餐盘已经快满了。为了达到这个目的，这些餐盘比一般自助餐厅所用的餐盘要小一号。不仅如此，员工食堂还默认缩减肉类的尺寸，来让员工认为目前这个尺寸是合理的。

在催促同意或拒绝的时候

运用默认 原理
来提高同意的概率

捐献器官的意愿

如若同意，
请您签名

签名：

奥地利采用了一种要求同意捐献器官的人在驾驶证和健康保险证背面的捐献意愿上签字的形式。然而，因为很多人觉得签名很麻烦，所以同意捐献器官的人并不多。

将"同意"设为默认状态

在奥地利，政府也运用助推理论来解决器官捐献的问题。最初的做法是要求同意捐献器官的人在驾驶证和健康保险证背面的捐献意愿上签字。如今，他们只要求不同意捐献器官的人签字。因为特意签字非常麻烦，所以同意捐献器官的人也就逐渐增多了。

此外，他们还通过列出许多"无捐献意愿的器官项目"来营造出一种信息过剩的状态。人类在信息过剩的情况下容易使用启发式思维，从而有效地抑制了签字拒绝捐献器官的行为。

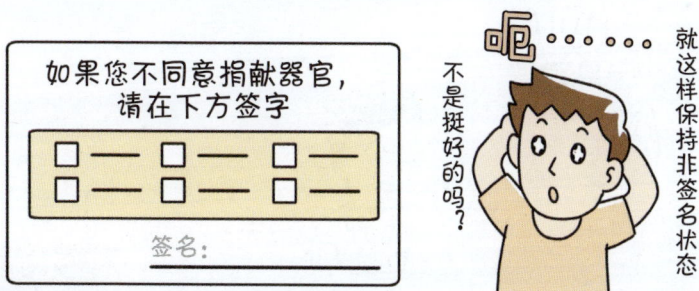

将"同意"设为
默认状态

将"同意"设为默认状态，从而抑制签字拒绝捐献器官的行为。

增加选项
营造信息过剩
状态

另外，人们接收到的信息量会随着选项的增加而增多，此时他们就会停止深度思考并抑制签字的行为意愿。

促使经常迟到的员工

运用框架 效应
养成严格遵守时间的习惯

某企业案例

请于一个月之后提交给我。

好的，没问题。

截止日期前夕

完全没有思路！

拖延症
（现时偏见）

通过改变表述方式来有效抑制拖延症

当我们把工作交给下属或同事的时候，即使明确告知他们请于一个月后提交，最终也有可能在现时偏见的作用下出现拖延。因此，往往会出现超过约定期限再提交报告的情况。其实，这个问题也可以通过助推理论来解决。

例如，我们可以尝试把时间期限从"1个月"调整称为"4周"。通过缩小时间单位来营造出一种紧迫感。此外，如果每周都要求提交一次，那么会让对方认为该业务是当前的必要任务，从而有效地减少了由现时偏见所导致的拖延现象。

利用框架效应来调整改善措辞

> 请在×月×日之前提交报告，但是只有四周哟！

> 只有四周的时间吗？那我可要抓紧了……

除改变时间单位之外，还可以通过明确截止日期来促使对方对时间节点产生深刻印象。

划分具体阶段，促使现时偏见发挥作用。

> 请每周提交一次，共需提交四次。

> 不马上开始去做的话就来不及了……

感觉离截止日期越近，就越容易将工作摆在优先位置。

被忽视的癌症筛查通知

运用鸡尾酒会 效应
来引起对方关注

某市案例

不明白到底在说什么……

癌症筛查通知

筛查对象

为每一位体检患者发放测试盒

机不可失！

拖延症
（现时偏见）

引起对方的关注

　　助推理论在官方文件中也有所运用。某市政府在向居民发送癌症筛查通知的过程中利用鸡尾酒会效应来使接收通知的人意识到自己是检查对象。通过使用"专门为您"或"重要的"等词语，来引起对方的关注，以防止该通知被其他邮件埋没。

　　另外，"不能为您邮寄测试盒"这句话会给人一种自己已经获得拥有该测试盒资格的印象。在禀赋效应的作用下，人们为了避免自身损失就会纷纷去接受检查。

邮件上一旦出现"你/您"这个字眼，就会立刻吸引人们的眼球。

鸡尾酒会效应
引起对方的关注

这是什么？

？

写给您的重要通知

另外⋯⋯

利用禀赋效应
来增加体检人数

如果不去接受检查将造成巨大损失！

癌症筛查通知

如果您今年没有接受检查，那么将不再为您发放测试盒。

虽然现在拥有的东西不会消失，但是换一种说法就会让人们觉得自己正在面临损失。

即便是在欠税者较多的地方城市

也可以 **运用社会偏好** 原理
来提高纳税率

英国案例

意识到他人的存在

有报告指出，英国使用助推理论来促使纳税率得以上升。政府对超过缴纳期限也迟迟不纳税的市民发出了催缴通知书，但始终无法提升纳税率。之后，政府不再单纯地要求市民缴纳税金，而是在催缴通知书上明确地注明税金的使用方法和实际用途。这种做法会激发目标群体的利他性心理，促使其产生要贡献自身力量的想法。

另外，催缴通知书上还描述了大部分人都已经按时缴纳税金的事实。这种表述方式主要是利用从众效应，促使未纳税人采取与他人相同的行动来完成税金缴纳。

明确税金的用途
刺激对方产生
利他性心理

当他们亲眼看到税金的使用方法和实际用途之后，他们就会对纳税产生积极想法，想要通过纳税来造福社会。

列举他人事例
促使从众效应
发挥作用

放弃深度思考，不知不觉间就会采取与他人一样的行动。

\ 改造烟灰箱的设计 /

运用从众效应
来大幅减少乱扔烟头的现象

英国的吸烟区

大家都这么做，应该没有什么问题吧？

认为只要大家都这么做就没有问题——在从众效应的作用下，人们会懈怠于深思熟虑后的选择。结果，即使是错误的事情，也会采取和周围人一样的行动。

诱发正向同步

英国的某个非营利组织运用从众效应解决了人们在伦敦街头乱扔烟头的问题。

该非营利组织把烟灰箱改造成投票箱的样子并将投入口分成两个，之后在每个箱体上写上不同的著名足球队名字，最后再标上一句"你喜欢哪一支球队？"于是，吸烟者就纷纷把烟头投入烟灰箱进行投票。其他人看到这种现象之后也开始纷纷效仿，于是投入烟头的速度不断加快。据说在几天之后几乎没有人再乱扔烟头了。

在从众效应的作用下，投票数量不断增加

这项措施除利用从众效应之外，还灵活运用了鸡尾酒会效应。人们往往更容易注意到自己感兴趣的事物，因此能够吸引更多人关注的主题必定是最理想的。由于英国是足球大国，因此上述的主题比较适合。

第 **6** 章

在商务活动中发挥巨大作用！

行为经济学的实际应用

本章将通过具体事例来介绍如何将行为经济学理论应用到实际生活之中。你可以在多种情境中使用该理论，例如，当需要同事协助完成一项烦琐任务或者需要再次说服已经拒绝自己的人时。除此之外，我们还可以运用第5章中介绍的助推理论来养成读书习惯以及成功减肥或者戒烟。行为经济学理论不仅适用于商务场合，而且可以改善个人生活。

预防暴饮暴食……

大快朵颐！

！

如果继续吃下去，情况就会不妙呀！

逐步努力通过资格考试……

树立目标！每天伏案学习1小时！

我首先要努力实现这个目标！

努力使交易朝着有利方向推进

我是××代理公司的田中～

邋里邋遢～

感觉不安

.....

啊？怎么会这样？

乱七八糟～

到底是哪一个呢……

哎呀～你需要的文件

如果你睡眼惺忪、蓬头乱发、满脸胡楂，穿着一件邋里邋遢的T恤和客户打招呼且之后的举止也糟糕至极，那么这样是无法获得对方信任的。

方法1　运用首因效应

在商务领域，人们普遍认为第一印象非常重要。首因效应指出，第一印象会影响别人对你的长期评价和整体判断。

换言之，只要你能够给他人留下良好的第一印象，该印象就会持续发挥积极作用，甚至还有可能掩盖一些小的失误。那么，就请大家认真整理自己仪容，来给对方留下值得信任的良好印象吧。

干净利落！

心里踏实呀……真的让人感觉

您好，我是××代理公司的田中。

哇！

方法2　离席时不能忘记峰终定律

对话的结束方式和第一印象同样重要。人们对一段体验的评价是由两个因素决定的，一个是过程中的最强体验，另一个是结束前的最终体验。换言之，如果商谈的最后阶段给对方留下了良好的深刻印象，那么对方在回想起此次商谈的时候会做出积极评价。

哇！

哇！

原本还想继续和你进行交谈呢……

好的！

那么，今天就先到此为止吧！

促使对方做出有利于己方的选择

必须把这款新车推销出去！

欲哭无泪……

好的，我明白了……

只能硬着头皮上了……

您看这款车如何呢？

300万日元

呃……我也不是太清楚。

如果你是一名被上司要求去促成困难洽谈的推销员，那么该如何做才能够让客户按照我们的意愿做出选择呢？

方法1　运用极端回避效应来诱导选择

当你想要引导客户按照己方意愿做出选择的时候，你可以运用极端回避效应。通过在选项之中加入新的诱饵选项来促使某个旧选项显得更有吸引力。另外，通过引导对方进行选择，也可以避免对方自行停止交易的情况发生。

为您精心挑选了3款车！

新型车

装有导航系统的特别款式

A 250万日元　B 300万日元　C 350万日元

呃……那我就选择B款吧！

方法2　通过虚张声势来促使极端回避效应发挥作用

如果你无论如何都想让对方按照己方意愿做出行动，那么可以将虚张声势作为最后的王牌手段。通过暗示对方如果没有按照己方意愿进行选择就会面临损失，以此来达到理想结果。虽然该方法不能随意使用，但由于人们普遍更加重视损失，因此在对方犹豫的时候将其作为最后一击是极为有效的。

虚张声势！

忐忑不安！

实际上，已经有其他客户看上这辆车了……

看来我不得不提前下手了……

我要立刻购买这辆车！

希望同事协助自己完成烦琐工作

请完成这项工作吧!

好的……　厚厚一摞……

啊!
感觉好麻烦呀!

喂,请快来帮忙完成任务吧……

不! 我拒绝!

厚厚一摞……

太难了,我做不到!

大量工作忽然从天而降……在需要同事帮忙的情况下如何提出请求才能够减少被拒绝的概率呢?

方法1 运用锚定效应来减少负担

当我们希望同事也能够帮忙完成上司交办的任务时，就需要运用到锚定效应。此时，我们首先可以把自己应承下来的大量工作任务展示给对方并以此为锚，然后把其中的一部分交给对方。这样对方就会觉得自己需要协助完成的工作任务只是其中的一小部分，因此也就大大提高了对方同意的概率。

方法2 运用羊群效应来促进同步

另一个有效方式就是促使对方同周围人保持一致。因为人们看到其他人都在做某事而自己置身事外的时候会感到不安，所以我们在诱导对方的时候不妨加上一句"你也可以"，这样对方就会很快应承下来。同从众效应一样，这种不愿脱离群体的心理作用被称为"羊群效应"。

想要重新说服曾经拒绝过自己的对方

我们现在还来得及……

怎么会这样……

拜托了！

请您务必同意！

如果真正想与之达成交易的人已经拒绝了你，那么此时可以运用行为经济学的思维方法来解决该问题。

方法1　运用单纯接触效应来改善印象

对曾经拒绝过自己的销售对象，可以采取一种非常简单且行之有效的"作战方式"——尝试多次接触。除发送邮件和直接邮寄广告之外，亲自登门拜访也能够促使单纯接触效应发挥作用，来让对方产生亲近感。只要接触次数增加，人们自然就会对对方产生好感。

又来了……

直接邮寄广告

而不舍呀……你还真是锲

我又来拜访您啦！♥

方法2　通过使用数字来促使从众效应发挥作用

运用从众效应促使对方与他人保持步调一致也是不错的方法。单纯地请求大家进行支持固然具有一定效果，但如果能够使用"×%"一类的具体数字来加以佐证，那么必然能够取得更好的效果。

R-2 清凉饮料

太棒了！

约有九成的顾客会选择购买这款饮料！

原来这款产品如此好喝！

让自己成为理想中的自己❶

目标 ①

拥有健康体魄

想必大家多数曾经历过为了减肥而忍着不吃甜点并去健身房锻炼身体，却因无法长期坚持而最终减肥宣告失败。学会自控是人生的终极课题。对此，我希望大家尝试运用一下第5章中介绍的助推理论。通过营造良好环境来促使自身自然而然地采取行动，这是达成目标的捷径。

课题 1　渴望减肥却时常暴饮暴食

解决对策　凸显缺点

想必大家都曾经有过如下经历——明明处于减肥期却在深夜购买甜点回家或者在喝完酒之后又去拉面店就餐……对此，我建议大家一定要穿小一号的衣服。因为这会给我们带来适当的压迫感并使自己清楚地感受到发胖的危机感，从而使我们能够抵挡住美食的诱惑。

大快朵颐！

如果继续吃下去，情况就会不妙呀！

课题 2 | 想要戒烟却抵挡不住香烟的诱惑

解决对策 整顿环境

我们如果把香烟放在触手可及的地方，那么很难抵挡香烟诱惑。因此，首先要做的是杜绝囤积香烟，之后还要营造出一种让人觉得取出香烟是烦琐之事的环境。如此，我们就会慢慢地远离它。如果你能够将香烟置于一种难以触及的环境之中，你就不会无意识地去伸手取烟。

课题 3 | 无法养成运动的习惯

解决对策 利用社交平台

有时候我们想要开始慢跑，却因为觉得太麻烦而无法付诸行动，或者只跑了一两次便选择放弃。针对这种情况，我们可以通过各类社交平台来向朋友报告进度。例如，通过特意向周围人传达"明天要跑步"或者"今天跑完了"等信息来让自己产生必须言而有信的意识。

助推自身！
让自己成为理想中的自己❷

目标❷

提高商务技能

控制自己——人生的终极挑战无处不在且时刻困扰着我们。我们即使热切地渴望考取资格证书或者有朝一日出人头地，也会被眼前的快乐和轻松吸引。因此，我们要学会如何在商务场合助推自己实现理想。

课题 1 考试准备毫无进展

解决对策 设定小目标

你可能会对为了获得资格证书而努力学习感到厌烦，因为觉得合格这一最终目标离自己很遥远。对此，请尝试着把只需稍微努力就能做到的事情设定为眼前目标，如每天伏案学习1小时。如果每天能够踏踏实实地完成小目标，那么这种成就感将引导你实现更大的目标。

树立目标！每天伏案学习1小时！

我首先要努力实现这个目标！

课题2 无法养成阅读习惯

解决对策 明确处罚

如果想要养成读书习惯，你可以给自己设定相应的惩罚机制并请求朋友进行配合。例如，我们可以明确具体目标和惩罚措施——"如果一个月没有读完四本书就请你吃烤肉""如果我做不到每天读一页书就捐出一万日元"等。我们只要能够时刻牢记朋友的监督和惩罚机制，就一定会充满动力。

课题3 缺乏工作动力

解决对策 准备奖励

在无论如何都提不起干劲儿时，我们可以提前确定目标达成时的奖励——"如果能升职，就去环游世界""如果能拿到奖金，就去买想要的手表"等。我们通过这种方式可以促使自己充满动力。即使现在感觉非常痛苦，但一想到有更大的乐趣在前方等着自己，就会在不知不觉中提升干劲儿。

该部分为大家整理了本书中出现的主要专业术语，仅供参考。

锚定效应：当人们需要对某个事件做定量评估时，人们会将某些特定数值和信息作为起始值。这些起始值就像锚一样固定在人们的脑海深处并影响最终评估。

宜家效应：指消费者对于自己投入精力和情感而创造的物品，容易进行过高价值判断，从而出现判断偏差的现象。

威望价格：名牌商品经常设定一些能够让消费者感觉自身地位得以提升的价格。例如，50万日元这样的高价会给人以昂贵之感。

韵律偏见效应：指朗朗上口的宣传语更能给他人留下深刻印象的现象。

凡勃伦效应：昂贵的价格和品牌形象刺激了消费者的自我表现欲从而导致需求增加的现象。

诱饵效应：在原本僵持不下的选项中加入诱饵选项以提高某个旧选项的吸引力。

解释水平理论：人们对事件的解释会随着对事件心理距离的知觉而发生系统改变，从而影响人们的反应。具体来说，当知觉事件的距离较远时，人们使用抽象、本质和总体的特征对事件进行表征（高水平解释）；当知觉距离较近时，人们倾向于以具体、表面和局部的特征对事件进行表征（低水平解释）。

证实性偏差：根据选择性感知带来的偏向性信息，随意做出判断。

鸡尾酒会效应：在各种人纷纷交谈的喧嚣环境中也能够将注意力集中在某一个人的谈话之中而忽略背景中其他的对话或噪声。它是选择性感知的一种。

概率加权函数：表示对概率的主观感受。概率越低就越容易被高估，而概率越高越容易被低估。

价值函数：表示对得失的主观感受。人们以参照点为基准来进行得失判断，且人们对损失的感知大于对获利的感知。人们在获得利益的情况下会倾向于回避风险，但在遭受损失的情况下则倾向于冒险。

期望值：指在一个离散性随机变量试验中每次可得结果的概率乘其结果的总和。换言之，期望值就是该变量输出值的平均数。

极端回避效应：回避极端的倾向。假设面临三个选项，那么中间选项被选中的概率较大。

现时偏见：比起未来的利益更重视眼下利益的心理倾向。

现状偏差：指比起变化更希望维持现状的倾向。

互惠性：指自己通过做出牺牲来希望对方予以回报的心理特征。

锚定性启发式思维：在头脑中某个基准数值和基准信息的强烈影响下，做出判断的决策过程。

对比效应：根据前后对比而改变对商品等事物印象的心理现象。

沉没成本效应：因为不想浪费已经投入却无法回收的成本（沉没成本）而沉溺于过去，从而选择了非理性的行为方式。

参照点：在前景理论中作为判断得失的基准点。

时间偏好：比起未来更重视眼下的心理。

时间贴现：以眼下利益为基准对未来利益进行折算。

系统性思维：收集信息进行仔细研究的思维方式。

社会规范：属于公众的规则和礼仪，有时其重要性会优先于理性。

社会偏好：人们不仅会考虑自身利益，也会顾及他人的利益和言行。

少数法则：根据样本数量较少且容易得出极端结果的数据来主观地摸索规律。

信息过多：指因为信息过多而无法进行系统判断的状态。

首因效应：指最初印象会影响之后的判断的现象。

刻板印象：对某人、事、物或情境获得印象后所持有的固定态度或观念。

虚荣效应：消费者想拥有只有少数人才能享用的或独一无二的事物，并在这种心理作用下对稀缺事物有较高购买欲望的心理。

焦点效应：人往往会高估周围人对自己的关注度。

偏好逆转：对某两个事物的评价或选择会受情境左右而发生逆转。

选择性知觉：只对自己感兴趣的信息进行认知。

损失回避性：在相同金额的情况下，人们对损失的感知是对获利感知的2.25倍。因此比起追逐利益，人们更倾向于回避损失。

代表性启发式思维：只关注代表性的事物并凭借直觉判断整体情况的决策过程。

时间压力：设定时间限制。人们在时间紧迫的情况下会采用启发式思维。

单纯接触效应：通过多次接触对同一事物产生良好印象。

默认：从一开始就设定好的事物和状态。通过提示默认选项，更容易促使对方做出选择。

从众效应：通过和大多数人采取相同的行动来获得安心感的现象，这与羊群效应是相同的。

助推理论：用胳膊肘轻推他人来促使其采取理想的行动。

双重过程理论：该理论认为，人在处理信息时会区别使用直觉（启发式思维）和深思（系统性思维）两种模式。

偏见：指运用启发式思维进行思考时，可能出现偏颇结果的现象。

赌场盈利效应：人们对于易来之财或意外之财更愿意采取冒险的投资方式，而对通过工作获取的血汗钱往往更加小心谨慎地使用。

尾数价格：与1000日元、2000日元这样的数字相比，980日元、1980日元一类的尾数价格会让人感觉更加便宜。

晕轮效应：受到某一明显特征的过度影响而忽视对其他特征进行正确评价的现象。

峰终定律：该理论认为，高峰（鼎盛时期）和结尾（结束时期）最容易对整体评价产生影响。

启发式思维：为了高效处理信息而简化决策过程。虽然这有利于花费较少时间来得出答案，但也有可能引发偏见。

安慰剂效应：病人虽然获得无效治疗，却因相信该治疗有效而促使自身症状得到改善的现象。

框架效应：评价和判断随着表达方式的改变而改变。

前景理论：该理论认为，决策过程分为编辑和评价两个阶段。在被称为"预处理"的编辑阶段，首先要认识选择项并确定参照点。之后的评价阶段则需要通过价值函数计算得失并运用概率加权函数计算概率。最后根据结果确定行动。

均值回归：出现偏差之后的结果会逐渐向平均值靠拢，这是一种统计现象。

回报性：指他人给予自己某种帮助之后渴望回报对方的心理，是社会偏好之一。

理性经济人：传统经济学所设想的经济社会中的普通人形象，其主要特征是往往能够做出极端功利、极端理性、极端自律的决策。

禀赋效应：当人们拥有某项物品之后，人们对该物品价值的评价要比未拥有之前的大大增加。

预处理：指前景理论中对状况进行评价的阶段。在此阶段确定参照点会对之后的决策产生影响。它也被称为"编辑阶段"。

心理账户：人们会在无意识中把支出分成多个账户，并在各个账户中按照收益最大化的原则进行统筹。

风险回避型：在期望值相同的前提下，当面临收益时人们往往倾向于选择确定性较大的事物。

风险导向型：在期望值相同的前提下，当面临损失时人们往往倾向于选择冒险性较大的事物。

利他性：这是一种不求回报而只是单纯从为他人付出中获得喜悦感的心理，也是社会偏好之一。

可用性启发式思维：指对熟悉事物的频率和概率进行高估的决策过程。

Original Japanese title: SAKUTTOWAKARU BUSINESS KYOYO KODOKEIZAIGAKU

Copyright © SHINSEI Publishing Co., Ltd. 2021

Original Japanese edition published by SHINSEI Publishing Co., Ltd.

Simplified Chinese translation rights arranged with SHINSEI Publishing Co., Ltd.

through The English Agency（Japan）Ltd. and Shanghai To-Asia Culture Co., Ltd

北京市版权局著作权合同登记　图字：01-2022-3015。

图书在版编目（CIP）数据

图解行为经济学/（日）阿部诚编著；刘江宁译. —
北京：中国科学技术出版社，2022.10

ISBN 978-7-5046-9786-8

Ⅰ.①图…　Ⅱ.①阿…②刘…　Ⅲ.①行为经济学—
图解　Ⅳ.①F069.9-64

中国版本图书馆 CIP 数据核字（2022）第 155192 号

策划编辑	杜凡如　褚福祎	责任编辑	杜凡如　褚福祎
封面设计	马筱琨	版式设计	锋尚设计
责任校对	张晓莉	责任印制	李晓霖

出　　版	中国科学技术出版社
发　　行	中国科学技术出版社有限公司发行部
地　　址	北京市海淀区中关村南大街 16 号
邮　　编	100081
发行电话	010-62173865
传　　真	010-62173081
网　　址	http://www.cspbooks.com.cn

开　　本	880mm×1230mm　1/32
字　　数	141 千字
印　　张	5.25
版　　次	2022 年 10 月第 1 版
印　　次	2022 年 10 月第 1 次印刷
印　　刷	北京盛通印刷股份有限公司
书　　号	ISBN 978-7-5046-9786-8 / F·1045
定　　价	59.00 元

（凡购买本社图书，如有缺页、倒页、脱页者，本社发行部负责调换）